留学生のための
ジャーナリズムの
日本語

―新聞・雑誌で学ぶ重要語彙と表現―

一橋大学国際教育交流センター　編
澁川晶・高橋紗弥子・庵功雄　著

上級

スリーエーネットワーク

©2015 by Center for Global Education and Exchange, Hitotsubashi University
All rights reserved. No part of this publication may be reproduced, stored in a retrieval system, or transmitted in any form or by any means, electronic, mechanical, photocopying, recording, or otherwise, without the prior written permission of the Publisher.

Published by 3A Corporation.
Trusty Kojimachi Bldg., 2F, 4, Kojimachi 3-Chome, Chiyoda-ku, Tokyo 102-0083, Japan

ISBN978-4-88319-715-6 C0081

First published 2015
Printed in Japan

まえがき

　本書は、一橋大学大学院商学研究科経営学修士コースにおける、留学生向け日本語集中講義で使用した教材をもとに作成されました。

　新聞や雑誌には特有の省略表現や文字通りの意味では説明がつかない語彙・表現があります。その中には、もとの意味から変化して使われているものもあり、その理解のために日本の文化や社会に関する背景知識が必要となるものも数多く含まれています。新聞や雑誌の記事を読む際、使用されている全ての語彙・表現を知っている必要はありませんが、キーになる語彙・表現を知っているか否かは文章理解を大きく左右しますし、その知識が文章全体の理解を支えてくれるはずです。

　本書ではこのような語彙・表現を中心に扱い、新聞・雑誌記事の豊富な例とともに理解を深めます。同時に、そのような語彙・表現を知らない場合にはどのような方法で推測し読み進めればよいか、その道筋も示しています。

　本書の最大の特徴は、豊富な実例です。作例はできる限り避け、2012年以降の朝日新聞などから主に経済・政治関係の記事を107件取り出し（作例を含めた合計は122件）、それらの中でターゲットとなる語彙・表現を示しています。

　各課は、「ウォーミングアップ」で学習項目を含む記事に触れ、「この課のポイント」で学習項目を確認、「読んでみよう」と「考えてみよう」で多くの実例に触れて、その意味を推測する練習を重ねながら理解を深め、最後に、「この課のまとめ」で学習した語彙・表現を確認する、という流れで、学習の準備、実践、確認作業がスムーズにできるよう配慮されています。

　巻末には資料として、日本の教育制度や歴代首相名など、知っておくと役に立つ情報がまとめられています。また、語彙索引では、それぞれの語彙・表現がどの記事で使用されたのかを確認できるように記事番号が振られています。

　本書は、日本の経済・商業関係について学ぶ留学生はもちろん、一般の上級日本語学習者が語彙・表現力を向上させるために活用することができます。また、未知の語彙・表現にどう対処するか、そのストラテジーを学ぶ教材としても最適です。短時間で大意を把握する「速読」の授業にも適しています。さまざまなクラスで本書を活用していただき、日本語の「底力」を上げることに貢献できるよう願っています。

　最後に、本書をなすに当たって、きめ細かにコメントをくださったスリーエーネットワークの佐野智子さん、相澤洋一郎さんに心よりお礼申し上げます。

2015年5月
著者一同

目次

本書をお使いになる方へ　　　　　　　　　　　　　v

学習を始める前に　　　　　　　　　　　　　　　　2

第1課　体に関連のある語彙・表現　　　　　　　　6
　　　　読解問題1　　　　　　　　　　　　　　　26

第2課　背景知識が必要な語彙・表現（1）　　　　30
　　　　身近なものに関連のある語彙・表現
　　　　読解問題2　　　　　　　　　　　　　　　45

第3課　背景知識が必要な語彙・表現（2）　　　　50
　　　　戦いに関連のある語彙・表現
　　　　読解問題3　　　　　　　　　　　　　　　66

第4課　背景知識が必要な語彙・表現（3）　　　　70
　　　　社会的背景を持つ語彙・表現
　　　　読解問題4　　　　　　　　　　　　　　　80

第5課　もとの形から変化している語彙・表現　　　84
　　　　読解問題5　　　　　　　　　　　　　　100

今後の学習に向けて　　　　　　　　　　　　　　104

総合練習　　　　　　　　　　　　　　　　　　　110

資料　　　　　　　　　　　　　　　　　　　　　119
　・野球のルールと名称　　・相撲のルールと名称
　・日本の教育システムについて　・年表

語彙索引　　　　　　　　　　　　　　　　　　　124

別冊　・解答

本書をお使いになる方へ

1．本書の対象者

　日本語上級学習者を対象としています。経営、経済、商学等の分野に興味を持っている学習者はもちろん、「読むスキルを向上させたい」「日本語の新聞をより速く適確に読めるようになりたい」と思っている学習者のみなさんに使っていただくことを想定し、作成しました。

2．本書の目指すもの

　本書は、新聞・雑誌記事を使って記事の内容や記事文の構成を学ぶことを目指すものではありません。新聞・雑誌記事によく見られる語彙・表現を取り上げて学習するとともに、それらが未知語であったときの対応の仕方を学ぶことを目的としています。

3．本書の特徴

①　豊富な実例

2012年以降の朝日新聞や雑誌の経済・政治を中心とする実際の記事107件（作例を含めると122件）を収録しました。その中でターゲットとなる語彙・表現を示すことにより、その語彙・表現が実際の文脈で、どのように使われるのかを知ることができます。

②　理解をスムーズに導く構成

各課は、簡単な記事を読んで、その課で何を学ぶのかを理解する「ウォーミングアップ」と「この課のポイント」、豊富な実例を通して語彙・表現の意味を推測し理解する練習を重ねる「読んでみよう」と「考えてみよう」「やってみよう」、学習した語彙・表現を確認する「この課のまとめ」という構成になっており、学習の準備、実践、確認作業がスムーズにできるよう配慮されています。

③　力試しとしての練習問題

各課の終わりに「読解問題」、学習の総まとめには「総合練習」があり、課の中で読んだ記事よりも長い記事を読むことが求められます。ここでは、その課で学習した語彙・表現の知識、意味推測のストラテジーを生かし、より効果的な読みができるようになっていることを確認することができます。

④　語彙索引と社会文化情報

巻末には語彙索引があり、ページ番号と記事番号を手がかりに、それぞれどの記事の中

で使用された語句か確認できるようになっています。学習のターゲットとして提示された語彙・表現が他の記事にも使われていることもありますが、そのような場合、複数の文脈で意味・用法を確認することができます。また、記事を理解する上で役立つであろう情報（日本の教育制度、歴代首相など）についても簡略にまとめられていて、学習の助けになります。

4．本書の構成と使い方
■本書の構成
本冊は、初回の授業で使用する「学習を始める前に」、実際に語彙・表現の学習と推測練習を行う「第1課」〜「第5課」、学習の総まとめを行う「今後の学習に向けて」および「総合練習」で構成されています。巻末には、学習参考用の「資料」「語彙索引」があります。

学習を始める前に
本書でどのようなことを学習するのか理解し、目的意識を持って学習を進められるよう、動機付けをするセクションです。

第1課 〜 第5課
第1課から第5課の順に、語彙・表現の意味が比較的推測しやすいものから、推測が難しいものへと学習を進めます。最初は、語彙・表現に具体的なものが含まれていて、意味が推測しやすいもの（例えば、「頭を抱える」など）、次に、その語彙・表現を推測し理解するには、ある程度その背景にある文化・社会的知識が必要になるもの（例えば「のれんに腕押し」など）、さらには、語彙・表現そのものが、もとの形から変化していて推測しにくいもの（例えば「生保（生命保険）」など）というように、段階的に学習が進められるよう配慮されています。

今後の学習に向けて
第1課から第5課で学んだことを振り返りつつ、さらに読解に役立つ4つのポイントを挙げて読む力をサポートするセクションです。

資料・語彙索引
巻末の「資料」と「語彙索引」は、より理解を深めたり、広げたりするために必要に応じて使います。

別冊　解答

別冊には、「考えてみよう」の一部、「やってみよう」と、「読解問題」「今後の学習に向けて」「総合練習」などの長文問題の答えを掲載しています。「考えてみよう」で取り上げたアンダーラインの語彙・表現の意味については、https://www.3anet.co.jp/np/books/4082/ で確認することができます。なお、各課の「ウォーミングアップ」の「問い」や、「読んでみよう」については、本文中に解説がありますので、別冊の解答には、答えを収録していません。

■使い方

授業で使用する際には、1課につき、90分授業2回で終えることを想定しています。授業を15回できる場合は、以下のような進め方が考えられるでしょう。週に1度授業を行うとすると、概ね半年のコースで本書を終える設計になっています。

《全体の進行イメージ》

1回	「学習を始める前に」
2回	第1課
3回	
4回	第2課
5回	
6回	第3課
7回	
8回	第4課
9回	
10回	第5課
11回	
12回	「今後の学習に向けて」
13回	
14回	総合練習
15回	総合練習／試験など

本書は基本的に、学習者が予習しないことを前提にしています。授業の中で初めて実際の文章と表現に触れ、その場で自分が持っている知識等を総動員し、推測しながら読むことで、力をつけていくことを目指しています。したがって、学習者に求められるのは、授業で学んだことを復習することです。学んだ語彙・表現だけでなく、読んだ記事に出てきた、自分にとっての新出語彙について、その意味を各自しっかり復習しておくことが大切です。

各課はそれぞれ、次のように授業を展開することができるでしょう。

《課ごとの進行イメージ》

1日目	ウォーミングアップ	授業の導入に使います。学習内容を伝える前に、本文を読みます。
	この課のポイント	「ウォーミングアップ」の文章に触れた後で、その課で何を学ぼうとしているか説明します。
	読んでみよう	比較的短い記事を多数読みます。ターゲットとなっている語彙・表現を探したり、下線が引いてある語彙・表現のもとの意味から、記事中の意味を推測したりするなどの練習を重ねます。
2日目	考えてみよう やってみよう	
	この課のまとめ	各課で学んだ語彙・表現のリストです。復習する際に活用します。
	読解問題	比較的長い記事を読みます。授業内で扱う時間がない場合には、宿題にすることもできます。

学習を始める前に

次の文章を読んで、【問い】に答えてください。

(ひと) 狩谷昭男さん 「焼きいも事典」を出版した芋通

　焼き芋に適したサツマイモの品種は。食べると、なぜオナラが出るのか――。「冬の風物詩」の定義から甘みや香り、産地、栽培方法に至るまでのすべてを全257ページの事典に詰め込んだ。

　財団法人いも類振興会の理事長。芋の裾野を広げようと始めた事典づくりはこれが3冊目。「焼き芋だけで成り立つのか」。不安もあったが、会議で項目を練り、大学教授から焼き芋店主まで39人の執筆者を集めて実現した。

　大学の農学部では柿を学んだ。1966年に入省した①旧農林省では、②「畑違い」の畑作振興課いも類班に配属され、各地の芋産地を見て回った。35年前から全国有数の芋どころ・埼玉県川越市に住み、博識に磨きをかけた。退官後も現役官僚が③舌を巻く芋通だ。

　師と仰ぐのは、東京の甘藷（かんしょ）問屋「川小（かわこ）商店」の2代目、故・斉藤直衛さん。明治創業の④同社は消費が落ち込んだサツマイモの新たな食べ方の提案や加工食品の開発をした。「農林省も知らない焼き芋の歴史や実態を教わりました」

　自らの⑤記憶の根っこにあるのは食糧難の時代、父が囲炉裏で焼いてくれたサツマイモだ。近年はコンビニやスーパーなど販路の拡大や健康志向の高まりもあり、消費が回復。「平成の焼き芋ブーム」が続いているという。「素朴で自然な味が魅力。焼き芋ファンが⑥芋づる式に増えたらいい」

(朝日新聞デジタル 2014年12月31日)

【問い】

1．①旧農林省は、今の何省にあたりますか。

2．②「畑違い」とはどういう意味ですか。「畑」とは、ここでは何のことですか。

3．③舌を巻くとは、ここでは、誰のどのような様子を表していますか。

4．④同社とは、何のことですか。

5．⑤記憶の根っことは、ここではどのような意味だと思いますか。

6．⑥芋づる式に増えるというのは、どのような様子だと思いますか。

解説

　いかがでしたか。この記事は、「焼きいも事典」を出版した狩谷昭男さんという男性とその取り組みを紹介したものです。比較的平易な文章ですが、普段あまり使わない語彙・表現も含まれていたと思います。これらの語彙・表現を知っていると、イメージを持ちながら読み進めることができ、内容をより深く理解することができるでしょう。

　記事によると、狩谷さんは今回、焼き芋に関する事典を出版しましたが、芋に関する事典はこれまでにも出してきたようで、今回が3冊目だとあります。このように芋の普及に尽力してきた背景については、まず、1966年に①旧農林省に入り、②「畑違い」の畑作振興課いも類班に配属されたことが挙げられています。この①旧農林省というのは、現在の農林水産省のことで、「農水省」と略されることもあります。他にも、「文部科学省（文科省）」「国土交通省（国交省）」「経済産業省（経産省）」「厚生労働省（厚労省）」のように、5文字の省は3文字に略されることがあります。狩谷さんは大学では柿について学んでいたようですが、職場では「いも類班」に配属され、そのことを②「畑違い」、つまり、専門の違うところに配属されたと表しています。このように「畑」は、耕作する畑ではなく、専門の分野・領域という意味で使われることもあります。

　その後狩谷さんは努力を重ね、現役官僚が③舌を巻く芋通になったとあります。「舌を巻く」とは非常に優れているものに接して、感心し驚く様子を表すことから、狩谷さんが退官後の今も、現役の（農林水産省の）官僚が驚くほど芋について詳しいことがわかります。その狩谷さんが「師と仰」いでいた、つまり、狩谷さんが尊敬し、教えを乞うていたのが、「東京の甘藷問屋『川小商店』の2代目」社長だったと言います。④同社とは、この「川小商店」のことです。同じ文章で先に出てきた会社の名前を繰り返さず、このような言い方をすることがあります。同様に、大学の場合は「同大学」、高校など、学校の場合は「同校」、店の場合は「同店」などとします。

　このように、芋の研究と普及に情熱を傾けてきた狩谷さんですが、その⑤記憶の根っこ、つまり、芋にまつわる記憶をたどると、「食糧難の時代、父が囲炉裏で焼いてくれたサツマイモ」があると言います。そのときのおいしい記憶が芋への情熱を支えてきたのかもしれません。豊かな食生活が楽しめるようになった現代ですが、健康志向の高まりもあり、「平成の焼き芋ブーム」と言われるほど、近年焼き芋の人気が高まり、消費が回復してい

ると言います。狩谷さんはこの状況が続き、「焼き芋ファンが⑥芋づる式に増えたらいい」と願っています。⑥芋づる式とは、1本の蔓をたぐると、そこについている芋が次々と出てくるように、通常は一つのことから、それに関連のある人や物が次々と出てくることを表しますが、ここでは、さらに人気が高まり、ますます焼き芋ファンが増えればいいという意味で使われています。

　この文章にもいくつかあったように、文字通りの意味では説明がつかない語彙や表現があります。もとの意味から変化して使われているもの、文化や社会的な知識が要求されるものなどさまざまですが、このような語彙や表現を知っていることが、文章全体の理解を支えることにつながると言えるでしょう。

　このテキストでは、このような語彙・表現を中心に扱い、みなさんの読解力アップのお手伝いをしたいと思います。主に雑誌や新聞の記事から取り出した豊富な例に触れて、みなさんの語彙・表現の「引き出し」を増やしましょう。

第1課

体に関連のある語彙・表現

ウォーミングアップ

次の文章を読んで、【問い】に答えてください。

> 　2009年から全国の店舗で、米粉の商品やレシピを紹介する「米粉うまっ。フェア」を開いているイトーヨーカ堂。今年は新たに、揚げ菓子やビスケットなどのお菓子シリーズを投入した。
>
> 　これまでは、カップ麺やパスタ、米粉そのものを扱っていたが、消費拡大で着目したのが、手軽に食べられ、買う頻度も多いお菓子だった。セブン＆アイ・ホールディングスの独自ブランド「セブンプレミアム」として、次々に菓子類を発売。1袋100円から158円と手頃で、売り上げは当初計画を上回り、2カ月で100万個以上売れたものもある。子どもだけでなく、幅広い年齢層にうけているという。（中略）
>
> 　メーカーの動きも活発だ。おやつカンパニーは8月、スナック菓子「食感研究家ガリッチ」（希望小売価格は税抜き120円）の販売をエリア限定で始めた。名前の通り、少し硬い食感が売り。販売は順調で、10月にエリアを拡大し、今月26日からは全国に広げる。シニアの購買層の拡大も意識し、米菓とスナック菓子の売り場の垣根を超えた展開を期待する。
>
> 　JA全農、日清シスコ、三菱食品は、シリアル「コメフレ」（同350円）を共同開発し、3月から販売している。シンプルなパッケージに、「サクッ！ と、かる〜い。」と食感を表すフレーズ。他のシリアルとの差別化をはかる。コーンに比べ、あっさりとした味が特徴で、食料自給率向上に寄与した取り組みに送られる「フード・アクション・ニッポンアワード2012」の商品部門で最優秀賞をとった。
>
> 　共同開発した日清シスコは数年前から、米粉の使用を検討していた。ただ、小麦やとうもろこしに比べると値段が高く、<u>二の足を踏んでいた</u>。そんなとき、広い販売網をもつ食品卸の三菱食品から声がかかり、本格的に商品化に着手した。
>
> （朝日新聞朝刊 2012年11月17日）

【問い】

1. 「二の足を踏んでいた」とありますが、「二の足を踏む」とは、どのような動作、状態のことを言っていると思いますか。

2. この文章では「二の足を踏む」はどのような意味で使われていますか。

この課のポイント

　「ウォーミングアップ」の記事に使われていた「二の足を踏む」は、もともと体の動きを表した表現です。「一歩目は足を踏み出したものの、二歩目が出せず、足踏みしてしまう」という意味ですが、この記事の中では、動作そのものを表すためではなく、ある会社の状況を表すために比喩的に使われています。

　この記事の内容は、食品メーカーが米粉を使った商品を次々に開発して話題になっているというもので、JA全農や三菱食品と共同でシリアルを開発した日清シスコは、当初、米粉を使用した商品の開発に「二の足を踏んでいた」とあります。

　この場合の「二の足を踏む」は、「躊躇する」「ためらう」ことを意味しています。つまり、日清シスコは米粉を使った商品開発を検討したものの、米粉の値段が高く、実際に開発に向けて動くのをためらっていたことを表しています。

　このように、日本語の慣用表現には、身体の部位やその動きを使った比喩的な表現がたくさんあります。それらは日常的にもよく使われ、このような新聞記事や雑誌など身近な読み物の中にも多く見られます。中には、何を意味するのか想像を働かせやすい表現もありますが、知らないと意味がわかりにくいものも多くあります。

　この課では、「体」に関連する表現について学び、しっかりと整理しましょう。

読んでみよう

次の1）～3）の短い文章を読んでみましょう。

それぞれ文中には、体の部位を表すことばを含んだ表現が使われています。まずは、それらを探してアンダーラインを引いてください。

次に、それらが文中ではどのような意味で使われているか、何がどうなったと言っているか考えて表中に書いてみましょう。

1) パートやアルバイト、契約社員といった期間が決まった有期雇用の新ルールを定めた改正労働契約法が成立した。（中略）

コーヒーチェーン「カフェ・ベローチェ」で知られるシャノアール（本社・東京都豊島区）は今年3月、3カ月契約のアルバイトの更新回数に15回という上限をもうけた。4年を超えて働けなくなる。すでに4年を超えている人は来年3月で雇い止めになる。変更を受け入れない場合は契約を更新しない。

人事の責任者は「1年契約の契約社員には通算3年の上限があったが、アルバイトの実態は無期に近く、アルバイトも有期であることを明確にして、上限がある契約社員に待遇を合わせることが目的だ」と説明し、今回の法改正が理由ではないとしている。しかし、長年働いてきた人には寝耳に水だ。10年近く働いてきた女性は個人加盟できる労働組合に入り、撤回を求めている。
（朝日新聞朝刊 2012年9月19日） 3

2) 銀行はいとも簡単に融資し、不動産や株などに巨額なカネがつぎこまれた。バブル期、日本の経済は大きく揺れ動いた。

埼玉りそな銀行の前身の埼玉銀行に勤めていた工藤理さん（62）は「世の中がすべてが右肩上がりの熱にうかされていた」と振り返る。当時、越谷市のせんげん台支店長。本部からは支店ごとの目標が送られ、何としても達成させようと、部下に指示を飛ばした。他行との競争に勝ち融資と預金を拡大することが使命だった。

（朝日新聞朝刊 2012年1月8日） 4

3) うららかな春の陽気に包まれたウィーン市内のビアガーデン。昼間からジョッキをぐいぐい空ける飲んべえや観光客に交じって、サイクリング客やランナーの姿が目立つ。彼らが好んで飲むのが、ジュースや果汁を混ぜたミックスビール「ラドラー」だ。
（中略）

伝統製法にこだわるビール業界はかつてラドラーを「邪道」と見なし、見向きもし

なかった。だが、現在、大手30社以上が競い合うように独自ブランドを開発。ラドラー人気が広がったチェコにも輸出する。

老舗大手「シュバイツァーハウス」のコラリク社長（66）の胸の内は複雑だ。「ビールの純粋な味が失われてしまうようで本音は悲しいが、背に腹は代えられない。伝統にあぐらをかいている時代は終わった」

背景には、欧州で進む「ビール離れ」がある。　　　　　　（朝日新聞朝刊 2012年4月13日）

文中にあった語彙・表現	例文中の意味
1）	
2）	
3）a.	
b.	

1）〜3）まで文脈からおおよその意味は推測できたでしょうか。それぞれについてもとのことばの意味と使われ方を確認しましょう。

１）「寝耳に水」
　うとうと寝ているときに、突然起こった洪水の音に驚くことから生まれた句だと言われています。また、寝ているときに耳に水を入れられて驚くことだとも言われています。いずれにしても、突然予期せぬ出来事が起こって、それに驚いた様子を例えた表現です。
　ここでは、新たに成立した改正労働契約法によって、不意に不利な条件を突き付けられることになった長期労働者たちの驚き、不満、不安、戸惑いなどを表しています。

２）「右肩上がり」
　グラフの線が右に向かって上がっていく様子を表したことばで、後になればなるほど数値が大きくなることや、その状態がよくなることを意味しています。
　ここでは、バブル期に全てが好調であったことを表しています。例えば、「業績が右肩上がりで伸びている」や「右肩上がりの成長を見せている」などといった使い方をします。

３）a.「背に腹は代えられない」
　背中を守るためといっても、大切な内臓がおさまっている腹を背中の代わりに犠牲にすることはできないという意味から変わって、さし迫った苦痛を回避したり、目の前にある大切なものを優先したりするために、他のものを犠牲にするのはやむを得ないということを意味する表現です。
　欧州でビール離れが進んでいて、これ以上消費者が離れてしまっては困ると、ビール業界の大手はジュースや果汁を混ぜたミックスビール「ラドラー」に注目し、次々に独自ブランドを開発します。伝統的なビールに対するこだわりがある一方で、消費者が離れてしまってはどうしようもないと、彼らにとっては「邪道（正統ではない）」であるラドラーの開発に着手したわけです。

　b.「あぐらをかく」
　あぐら（胡坐）とは、両膝を左右に開いて、身体の前で両足首を組んで楽な姿勢で座る座り方のことで、「あぐらをかく」とはそのような座り方をすることです。「Aにあぐらをかく」とは、自分は何の努力もせずに他のもの（A）に頼って過ごしている様子を例える表現です。
　ここでは、「伝統にあぐらをかいている時代は終わった」、つまり、「ビール離れ」を食い止め、これからも消費者を確保していくためには、「伝統」に頼ってばかりいては駄目で、「ラドラー」のような新しい製品の開発をするなど新しい試みや工夫が必要であるという意味で使われています。

考えてみよう

　体に関係のある比喩表現には、「頭」「目」「耳」「口」「手」「足」などさまざまな体の部位が使われているものがあります。ここでは、体の部位ごとに、それぞれどのような表現があるのか、もう少し見てみることにしましょう。

　次の（1）〜（12）で紹介する文章では体のある部位を含む表現が使われています。それぞれの文章を読んで、アンダーラインで示した表現の意味を考えましょう。

（1）頭・髪

《 頭を抱える 》

　11年前、書店大手を退社し、念願だった自分の店を構えた。本好きの多い街で、店はすぐ軌道に乗った。（中略）

　売れ行きが悪くなったのは3年前から。店頭価格よりアマゾン・ドット・コムの通販の方が安くなったことに愕然とした。紙の本からキンドルやiPadへ乗り換える人の多さに頭を抱えた。赤字がふくらみ、家賃の支払いに窮するようになった。

（朝日新聞朝刊 2012年1月22日）　6

《 頭打ち 》

　火力発電の「無駄」を減らし、温暖化対策にも役立つ手として注目されるのが、コージェネレーション（熱電併給）だ。

　発電所で生まれる廃熱を利用して温水をつくり、電気と熱の両方を供給する。それにより通常の火力発電の2倍まで効率が高まる。規模の小さなコージェネは分散型のエネルギーシステムの構築に向いている。

　コージェネの普及ではドイツや北欧が先行している。日本でも、都市ガスを使う家庭用燃料電池の利用が徐々に広がっているものの、地域単位でのコージェネの利用は頭打ちだ。

（朝日新聞朝刊 2012年8月13日）　7

《 頭角を現す 》

　欧州の債務（借金）危機に苦しむハンガリーのオルバン首相の政権運営が、強権的な色彩を強めている。中央銀行への介入を強めるといった新憲法や基本法を施行。危機を政権基盤の強化に利用する手法に、国民が反発し、欧州連合（EU）も是正に乗り出した。（中略）もともと、自由を抑圧する共産主義からの脱却を掲げ、若くして頭角を現したオルバン氏

だが、逆に強権を振りかざす形だ。　　　　　　　　　　　　（朝日新聞朝刊 2012 年 1 月 22 日）　8

《 後ろ髪を引かれる 》
　宮舘寿喜副知事（62）が 20 日退任した。記者会見で「復旧復興が正念場を迎えるときに退任することになり後ろ髪を引かれる。県民の底力、職員の熱意で復興を成し遂げて欲しい」と述べた。38 年の職員生活で県北沿岸振興に取り組んだことを振り返り「地域資源や産業をもう少し伸ばしたいと思っていた矢先の震災は残念。（被災者には）自信を持って頑張って欲しい」と話した。　　　　　　　　　　　　　（朝日新聞朝刊 2012 年 2 月 21 日）　9

《 間髪をいれず 》
　アリゾナ州サプライズでの大リーグ・レンジャーズのキャンプ初日を終えたダルビッシュ。練習後の会見では、「体の面では負けていないと思った。昨年よりいい球が投げられると思う」と自信を見せた。（中略）
　会見終盤、米国メディアから「日本人大リーガーの低評価を覆したいか」と質問が飛ぶと、間髪入れず答えた。「あります。プレッシャーもない」。それまでより張りのある声だった。　　　　　　　　　　　　　　　　　　　　　　　（朝日新聞朝刊 2012 年 2 月 25 日）　10

（2） 顔

《 顔を立てる 》
　2030 年の原発の割合をどうするか。0〜35％の五つの選択肢から 35％案が外れ、四つに絞られた。（中略）原発推進派の委員や経済産業省は五つの選択肢で最終決定することを目指していたが、そうはならなかった。
　35％案に対し、脱原発を訴える委員らが猛反発したからだ。（中略）
　一方、原発推進派で経産省出身の豊田正和委員（日本エネルギー経済研究所理事長）は「選択肢として残しておくことは大きな意味がある」と反論した。歩み寄りはなかった。
　最後は三村明夫委員長（新日本製鉄会長）の判断に委ねられ、35％を外す一方、経済などへの影響を知る「参考ケース」として扱うことを提案した。脱原発派、推進派の両方の顔を立て、決着を図る案だった。　　　　　　　　　　（朝日新聞朝刊 2012 年 5 月 29 日）　11

《 顔色をうかがう 》
　イタリアのモンティ首相が来日した。経済学者で元大学学長のモンティ氏がそうであるように、この内閣は、政治家を入れず、有識者のみで構成され、選挙の心配もない。国民

に迎合することなく、これまで国民の顔色をうかがう政治家では出来なかった厳しい内容の政策を着々と実行している。任期は来春までとのことだがこの内閣は国会で承認され国民が圧倒的に支持している。

(朝日新聞朝刊 2012 年 4 月 19 日) **12**

（3）目

《 一目置く 》

　国産ワインの認知度とレベルを高めようという「国産ワインコンクール 2012」の審査会が、甲府富士屋ホテル（甲府市湯村 3 丁目）で開かれた。結果は 7 日に発表される。
　県やワイン酒造組合のほか、日本ワイナリー協会、日本ソムリエ協会などでつくる実行委員会が主催し、今回で 10 回目。(中略)
　実行委員会会長の横塚弘毅・山梨大名誉教授（70）は「10 年続け、業界からも一目置かれるようになった。ワイン造りの技術が飛躍的に上がり、ワイナリーの若手が育ったことが大きな成果だ」と話した。

(朝日新聞朝刊 2012 年 8 月 3 日) **13**

《 目の上のこぶ 》

　自民党からの政権交代を狙う民主党にとって、次の選挙はまさに正念場である。若者から多くの支持を集める自民党の Y 議員は、まさに目の上のこぶといったところであろう。

14

（4）耳

《 耳が痛い 》

　新商品の発売以来、わが社には多くの消費者からさまざまな声が寄せられている。その中には苦情や厳しい意見も多いが、企業にとって耳の痛い声ほど有益であり、しっかりと受け止めなければならない。

15

《 聞く耳を持たない 》

　私は固定電話と同じようにサービスを売る時代が携帯電話では 5 年以内に来ると予測。「モバイルコンピューティングの時代だ」とデータ通信を収益の柱に育てる方針を社内で触れてまわった。しかし、「また大星社長の思いつき」「携帯がたくさん売れているのに何を言っているんだ」と多くの幹部は聞く耳を持たない。そこで一計を案じた。
　「ボリュームから、バリューへ。」。96 年 7 月、新聞の全面広告でドコモの方向転換を発

表し、音声通信から情報などのデータ通信で新市場をつくると社外に表明してしまった。もう有無を言わせなかった。

(朝日新聞朝刊 2012年8月13日) 16

(5) 鼻

《 鼻を明かす 》

　元柔道金メダリストのN選手は、突然総合格闘技への転向を表明した。世間や柔道界、また総合格闘技界からは「そんなに甘い世界ではない」と冷たい視線が浴びせられているが、「しっかりと準備はできている。そういう人たちの鼻を明かしてやりたい。」と意気込みを見せた。 17

《 出端（出鼻）をくじく 》

　S国、T国、両国首相による和平協議は入念な準備の下で行なわれる予定だったが、当日になってS国の首相が突然の欠席。出端をくじかれる形となった。 18

(6) 口・歯・喉

《 開いた口がふさがらない 》

　先月、N社から大量の顧客情報が流出し大きなニュースになった。1ヵ月以上たつ今も、N社からは十分な説明と対応が行われず、世間からは「まったく開いた口がふさがらないというのはこういう事だ」と厳しい批判を浴びている。 19

《 歯に衣着せぬ 》

　タレントのA氏は、テレビ番組での歯に衣着せぬ発言が多くの共感を呼び、人気沸騰中である。 20

《 のどから手が出る 》

　欧米などの軍事研究所で働く研究者は世界に50万人いると言われています。彼らは技術開発だけではなく、軍事転用できる技術を世界中で探しています。使える技術を見つければ、特許権を買い取ったり、共同研究をもちかけたりしています。実際、日本の大学も米軍から共同研究を働きかけられています。

　宇宙に関わる最先端科学では、理工学の幅広い分野で研究が進められています。たとえばロボット技術では日本は世界トップレベル。人工知能を搭載したロボットなら、高い戦

闘能力を期待できるし、戦場で弾が当たっても死ぬことはありません。宇宙航空研究開発機構（JAXA）が持つ技術も大変有用です。たとえば、7年間、60億キロの宇宙の旅を経て帰還した小惑星探査機「はやぶさ」を遠隔操作した技術は、ミサイルの命中精度を上げるのに直結しますから、のどから手が出るほど欲しいと思います。

（朝日新聞朝刊 2012年9月5日） 21

《あうんの呼吸》

　スーパーで売られる冷凍食品。ピザ、おにぎり、ギョーザといった商品が一律「4割引き」や「半額」と気前がいい。特価が毎週恒例のスーパーもある。お手頃価格はうれしいけど、もうかるの？（中略）
　小売り関係者によると、冷凍食品を一斉に値引く商習慣は30年以上前から続く。特売の目玉にすれば、商品の宣伝とスーパーへの集客の効果が同時に見込める。メーカーとスーパーの思惑が一致したという。
　ところが1990年代初め、変化があった。それまで店頭では、冷凍食品に限らず様々な商品で値引き前の価格すら怪しい過剰な割引表示があふれていた。これを公正取引委員会が「消費者の選択を誤らせる」と問題視。そこでメーカーは「定価」をやめ、小売りに値決めをまかせ始めた。
　だが定価がないと割引もできない。冷凍食品の割引で集客を競っていたスーパーは、困った。すると、あうんの呼吸でメーカーは「想定販売価格」をつけ始めた。スーパーはそれを参考に「通常価格」を独自に決め、割引の演出を続けた。割引はどんどん過熱。今や半額は珍しくなく、7割引きをうたう店もある。

（朝日新聞朝刊 2012年11月28日） 22

（7）首

《首を突っ込む》

　H市の市長は、教育に関する大胆な施策を打ち出した。ところが、必要以上に「政治」が教育に首を突っ込むことは、教育の政治的中立が保たれないのではないかと懸念を抱く人も多い。

23

《首が回らない》

　社会保障と税の一体改革の関連法案が、きのうの参院本会議で審議入りした。（中略）
　少子高齢化に伴って、私たち国民が受ける社会保障などのサービスの費用は、年々増えている。税収では足りず、借金で賄っている。その結果、いまや国の収入の半分が借金である。

一体改革には「増税先行」の批判がつきまとう。だが、現実は「給付先行」なのだ。こんな状態を続けたら、いったいどうなるか。

　子や孫の世代が、親たちが受けたサービスの代金を払うことになる。よほどの経済成長がない限り、自分たちのための支出を削るしかない。

　いまでも、90兆円の国の予算のうち、22兆円が借金返済に充てられている。これがどんどん膨らみ、いずれ「首が回らなくなる」のは明らかだ。　（朝日新聞朝刊 2012年7月12日）**24**

➡「～が回らない」は、他にも「頭が回らない」「手が回らない」があります。
　それぞれどのような状態を表しているか考えてみましょう。

頭が回らない：（　　　　　　　　　　　　　　　　　　　　　　）
手が回らない：（　　　　　　　　　　　　　　　　　　　　　　）

（8）肩

《 肩たたき 》
　会社は業績悪化で今春、希望退職を募り始め、対象者全員が上司から面談を求められた。同僚の中には、何度も面談に呼ばれて、「会社に残っても仕事はないから応募を」と迫られ続け、悩み抜いた末に、「残って嫌な思いをするぐらいなら新天地で」と応募を決めた人もいた。上司から、家族への説明の仕方を助言された人もいたという。

　ところがこの男性の場合は逆だった。会社の先行きへの不安から、希望退職に応募する意向を面談で伝えると上司は言った。「今回の狙いは会社に必要のない人を辞めさせること。それを前面に出せば指名解雇になるから希望退職という形にしているだけで、君が応募しても認めない」

　「辞めたくない人がやめさせられ、辞めたい僕が残らされる。立派な指名解雇だ」。反発した男性は応募を強行し退職した。肩たたきに応じず残った同僚は嫌がらせを受けているという話も聞く。「効率の良い人ばかり重用され、じっくり型の人は切り捨てられる。優秀な人も辞めていき社内はギスギスする一方だ」　（朝日新聞朝刊 2012年8月24日）**25**

《 肩身が狭い 》
　なじみの深い白熱電球だが、ここにきて「肩たたき」が急だ。なにせ電気を食う。政府は製造と販売を控えるよう要請した。2度目の節電の夏に、省エネでタフなLEDへの移行が進みつつある。値段の高さにはひるむが、電力消費は2割以下、寿命が40倍と聞けば、

納得感はある。ボーナス後の節電特需か、きのう寄った売り場は人でいっぱいだった。脇の白熱電球はどこか肩身が狭く見える。
(朝日新聞朝刊 2012 年 7 月 8 日) 26

《 双肩にかかる 》

あすは国会に当たる最高人民会議が開かれる。そこでも正恩氏が国家機構の最高職に就くとの観測が強い。

困窮する住民の生活と疲弊した経済を立て直す。国際的な孤立から脱する。そういう重い職務が、30歳に満たないとされる若い指導者の双肩に名実ともにのしかかるわけだ。
(朝日新聞朝刊 2012 年 4 月 12 日) 27

（9）手

《 手のひらを返す 》

「バブル期に銀行は『金を借りてくれ』と繰り返し、『どう使おうと自由だから』と一方的にお金を振り込んできた。バブルがはじけたら、手のひらを返し、まったく貸してくれなくなった」。
(朝日新聞朝刊 2012 年 6 月 26 日) 28

《 手塩にかける 》

シクラメンの産地として知られる潟上市で、2万鉢を売る恒例のフェアが開かれている。会場の道の駅しょうわ（ブルーメッセあきた）には冬の室内を彩る人気の鉢花を買い求めようと、多くの人が訪れている。（中略）

会場に並ぶシクラメンは地元生産者が手塩にかけて育てた50品種。甘い香りが漂い、赤やピンク色など、彩りは鮮やかだ。
(朝日新聞朝刊 2012 年 11 月 22 日) 29

（10）腹・肝・腑

《 私腹を肥やす 》

モスクワで昨秋、飲食店やネイルサロンが入居する市管理のビルが突然、巨大な防護シートに覆われた。事前通告は全くなかった。

店主らが作業員に尋ねると「外壁工事のため」と答えた。店の看板は完全に隠れ、各店とも売り上げが2〜4割落ち込んだ。1カ月後に地元自治体発注の工事とわかったが、行政当局は現場に現れず、説明も一切ない。「お願いだからシートを外してくれ」。店主らが頼んでも、業者は「行政からの許可が下りない」との一点張り。

年の暮れ、業者が泣きついてきた。「工事は終わった。でも役所の手続きが進まない。金も払ってもらえない」。シートを外してもらうため、店主らは４万５千ルーブル（約12万円）を折半して渡した。
　工期は予定より２カ月延びた。行政側の不透明で非効率的な対応により、店は大きな損害を受けたが、「これはまだましな方だよ」と店の関係者。行政担当者が私腹を肥やすため、意図的に嫌がらせをする事例を何度も見てきたからだ。

(朝日新聞朝刊 2012 年 2 月 21 日) 30

《 肝に銘じる 》
　山本氏は当選が決まると、事務所で支援者らと万歳。「子育て支援」「観光・ものづくり」「スポーツ・文化・健康づくり」で「日本一の挑戦」を目標に掲げる２期目に向けて、「私の政治のスタートは1221票差で当選した４年前の市長選。市民の厳しい目があることを肝に銘じ、満足することなく、己に厳しく市政運営をしていきたい」と決意を語った。

(朝日新聞朝刊 2012 年 11 月 19 日) 31

《 腑に落ちない 》　　＊腑は内臓のこと
　白物家電では、多くのメーカーが新しい機能を付加した製品の開発を競い合っている。毎年のようにモデルチェンジされ、旧型は値下げの対象になる。すぐに値が下がると、先に買った人は、すばらしい製品でもどこか腑に落ちないものを感じてしまう。

(朝日新聞朝刊 2012 年 12 月 2 日) 32

(11) 腰

《 重い腰を上げる 》
　メディアが多様化している時代ですが、それぞれの役割があります。状況を広く知らせて世論を形成し、国の重い腰を上げさせるような報道は全国に発信できるメディアの役割です。それに加えてテレビやラジオ、ネットには速報性の強みがある。既存メディアはお互いが否定し合うのではなく、それぞれの特長、いいところを認め合ってすみ分けることが必要です。

(朝日新聞朝刊 2012 年 10 月 26 日) 33

《 本腰を入れる 》
　アジアの工事現場で、日本のゼネコンが活躍する場面が目立っている。各国の経済成長に伴い、これまでなかった大型インフラ事業の受注に本腰を入れているためだ。ゼネコン

の海外進出は、中東などで失敗した歴史もあるが、各社とも東日本大震災後に国内の工事が一服するのをにらみ、注力している。

（朝日新聞朝刊2012年1月26日） **34**

（12）足

《 揚げ足を取る 》

　政治ウオッチャーで知られるお笑いグループ「大川興業」総裁の大川豊さんは、野党にも厳しい目を向ける。「政策的な議論が大事なのに、揚げ足を取って閣僚を辞めさせればいいと勘違いしている。これでは世論はついていかない」

（朝日新聞朝刊2012年4月21日） **35**

《 足並みをそろえる 》

　民主党マニフェストと自民党の政権公約が出そろった。消費増税では足並みをそろえる両党だが、原発・エネルギー政策や外交・安全保障、教育、社会保障政策では違いが浮き彫りになっている。

（朝日新聞朝刊2012年11月28日） **36**

この課のまとめ

　この課では、体の部位を用いた表現を取り上げました。ここで取り上げたものは、政治・経済や経営に関する記事に見られるものですが、このほかにも、日常的、一般的に使う表現はたくさんあります。以下のリストには、この課に出てきたものがカテゴリー別に整理されていますが、今後、新聞や雑誌の記事の中、ニュースなどで見つけたものを書き加えて整理していくようにしましょう。

（1）頭・髪

語彙・表現	よみ	意味
頭打ち	あたまうち	
頭が回らない	あたまがまわらない	
頭を抱える	あたまをかかえる	
後ろ髪を引かれる	うしろがみをひかれる	
間髪をいれず	かんはつをいれず	
頭角を現す	とうかくをあらわす	

（2）顔

語彙・表現	よみ	意味
顔色をうかがう	かおいろをうかがう	
顔を立てる	かおをたてる	

(3) 目

語彙・表現	よみ	意味
一目置く	いちもくおく	
目の上のこぶ	めのうえのこぶ	

(4) 耳

語彙・表現	よみ	意味
聞く耳を持たない	きくみみをもたない	
寝耳に水	ねみみにみず	
耳が痛い	みみがいたい	

(5) 鼻

語彙・表現	よみ	意味
出端（出鼻）をくじく	ではな（でばな）をくじく	
鼻を明かす	はなをあかす	

(6) 口・歯・喉

語彙・表現	よみ	意味
開いた口がふさがらない	あいたくちがふさがらない	
あうんの呼吸	あうんのこきゅう	
のどから手が出る	のどからてがでる	
歯に衣着せぬ	はにきぬきせぬ	

(7) 首

語彙・表現	よみ	意味
首が回らない	くびがまわらない	
首を突っ込む	くびをつっこむ	

（8）肩

語彙・表現	よみ	意味
肩たたき	かたたたき	
肩身が狭い	かたみがせまい	
双肩にかかる	そうけんにかかる	
右肩上がり	みぎかたあがり	

（9）手

語彙・表現	よみ	意味
手が回らない	てがまわらない	
手塩にかける	てしおにかける	
手のひらを返す	てのひらをかえす	

(10) 腹・肝・腑

語彙・表現	よみ	意味
肝に銘じる	きもにめいじる	
私腹を肥やす	しふくをこやす	
背に腹は代えられない	せにはらはかえられない	
腑に落ちない	ふにおちない	

(11) 腰

語彙・表現	よみ	意味
重い腰を上げる	おもいこしをあげる	
本腰を入れる	ほんごしをいれる	

(12) 足

語彙・表現	よみ	意味
あぐらをかく	あぐらをかく	
揚げ足を取る	あげあしをとる	
足並みをそろえる	あしなみをそろえる	
二の足を踏む	にのあしをふむ	

▶ 読解問題 1

次の文章を読んで、後の問いに答えてください。

ついにドコモがiPhoneを －携帯各社「最後の戦い」－

　米アップルが9月10日、カリフォルニア州クパティーノにある本社でいつもながらの華々しいイベントを開き、NTTドコモでiPhoneの販売を始めることを発表した。その数時間後、ドコモはさっそく自社のホームページに、加藤薫社長のこんなコメントを載せた。

　「大変うれしく思います。ドコモの高品質なネットワーク上でiPhoneの素晴らしい世界をお楽しみいただけます」

　iPhoneを扱うソフトバンクとKDDI（au）に対して、①「一人負け」とも言える状況が続いていたドコモ。ついに9月20日からiPhoneの販売を始める。ドコモとアップルが組んだ先に、何が起きるのか。

　ドコモがiPhoneを販売するという噂は、これまでもたびたび浮上してきた。今回の決定も、SMBC日興証券の白石幸毅シニアアナリストは「規定の路線」だとする。ただ、アップル側が厳しい販売ノルマを設定していることなどがネックとなって、両社は歩み寄れなかったとされる。

　なぜこのタイミングで両社は手を結べたのか。

　「ここに来て、両社を巡る経営環境が変わってきた。アップルにはかつてほどの勢いがなく、先進国のなかで②提携できていない大手キャリアとしてのドコモは、重要な存在になっていた。ドコモも、ソフトバンクとKDDIがiPhoneの販売を始めて以降、ずっと苦戦している。お互いに譲歩しやすい状況が生まれていた」（白石氏）

　両社にとっては、ついに結べた最良の②提携と言える。だがこの②提携は、競合他社にとって「苦難の道」への第一歩となる。

　早々に対応を迫られるのが、ソフトバンクとKDDIのキャリア2社だろう。調査会社IDCジャパンの木村融人シニアマーケットアナリストは言う。

　「各社とも常識的な料金体系を維持するのなら、ドコモから顧客が流出する流れは止まり、ドコモ『一人負け』状態は確実に終焉に向かうでしょう」

　だが、これまでiPhoneを「武器」にドコモから顧客を奪い、収益力を高めてきた2社が、③手をこまねいてはいないだろう。同じ商品を他社より多く売ろうとすれば、この先に待っているのは熾烈な価格競争だ。MM総研の横田英明研究部長はこう指摘する。

「ドコモが何かやったときに必ず対応してくるのがソフトバンク。ソフトバンクは今年7月に米スプリント・ネクステルを買収しており、両社あわせてiPhoneを調達することで、1台あたりの購入価格を抑えられる可能性がある。そうなれば価格勝負はしやすい。またKDDIも、家庭用インターネットとのセット割引などを一歩進めるかもしれない。④三つ巴でお互い引かない状況になれば、消耗戦に突入する。利益面への悪影響は避けられない」

　現実に、事態は動き始めている。ドコモはアップルが発表するとすぐ、iPhoneの新商品の一つ、「5c」の予約受付を9月13日から始めると告知。ソフトバンクとKDDIも自社ホームページのトップ画面で、同様の発表をしている。だが3社とも、「料金、キャンペーン等の詳細については、しばらくお待ちください」（KDDI）などとして、12日時点では料金プランについては全く触れていない。⑤水面下で、駆け引きが始まっていると見るべきだろう。野村総合研究所上席コンサルタントの北俊一氏は、強烈な囲い込みが起きると見ている。

　「ソフトバンクもKDDIも、既存の顧客が他社に行く気が起きないくらいのインセンティブをつけてくると思う。結果として、キャリア間の移動はほとんど起きないかもしれない」

（『AERA』2013年9月23日号）

1．下線部①「『一人負け』とも言える状況」とはどのような状況ですか。

2．下線部②「提携」すると同じ意味で使われている表現が本文中にあります。辞書形に直して、4文字で書いてください。

3．「手をこまねく」とは、手を胸の前で組むことです。下線部③「手をこまねいてはいないだろう」とはどういうことですか。

4．下線部④「三つ巴」とは何のことを言っていますか。□にあてはまることばを本文中から抜き出してください。

ドコモとソフトバンクとKDDIによる □□□□□□□

5．下線部⑤「水面下で、駆け引きが始まっている」とありますが、「水面下」で駆け引きするとはどういうことですか。

第2課

背景知識が必要な語彙・表現（1）

身近なものに関連のある語彙・表現

ウォーミングアップ

次の文章を読んで、【問い】に答えてください。

> インド最大の財閥、タタグループのトップに20年あまり君臨したラタン・タタ氏が28日、引退する。積極的に企業買収を進め、グループの売上高を20倍以上に増やした。一方、後継にはタタ家の出身ではない若手経営者のサイラス・ミストリー氏（44）が選ばれ、世襲が一般的なインドの財閥に新風を吹き込んだ。
> （中略）
> 　大家族制が残るインドでは、財閥や企業のトップは世襲が一般的だ。クレディ・スイスのリポートによると、インドの主な上場企業の株式時価総額のうち家族経営の企業が占める割合は67％。「ファミリービジネス」の伝統が根強い東アジア10カ国・地域のなかで最も高かった。
> 　タタグループのトップもごく一時期を除きタタ家から出していたが、タタ氏は独身で子どもがおらず、後継者選びが注目された。グローバル化を踏まえ、タタ氏は「後継者は外国人もあり得る」と公言。グループ内外の識者を集めた委員会が人選を進めた。タタ氏の継母の息子の名前も取りざたされたが、昨年11月、大手建設会社を経営するミストリー氏が指名された。
> 　ミストリー氏は、インドでもそれほど知られていなかった若手経営者だ。タタ氏は「ビジネスを分析する能力にたけている」と<u>太鼓判を押す</u>。タタ家の一員ではないものの、父親はタタグループの持ち株会社の大株主。急激な変化を避けた「軟着陸」という受け止めが大勢だ。経済史家のドゥィジェンドラ・トリパティ氏は「大財閥が世襲されないほぼ初めてのケースだ。緩やかな変化だが、現代的な後継者選びへ一歩踏み出した。ほかの財閥でも、世襲の見直しが進む可能性がある」と評価する。
>
> （朝日新聞朝刊 2012年12月25日）

【問い】

1. 「太鼓判を押す」とありますが、「太鼓判」とはどのようなものだと思いますか。また、「太鼓判を押す」とは、何をすることだと思いますか。

2. 本文中の「太鼓判を押す」は、誰が何をどうすることか具体的に答えてください。

この課のポイント

　「太鼓判を押す」の「太鼓判」とは、太鼓のように大きな印判（印鑑、はんこ）のことです。はんこを押すという行為は、それが確実であると保証することですが、この場合、ただのはんこではなく、太鼓のように大きなはんこを押すということで、その保証が確実であることをさらに強調しています。

　この記事の内容は、インド最大の財閥タタグループのトップ、ラタン・タタ氏引退に伴い、その後継者として若手経営者のサイラス・ミストリー氏が選ばれたというものです。インドの財閥では世襲が一般的であったため、無名のサイラス氏が後継者として選ばれたことは異例でしたが、タタ氏はサイラス氏を「ビジネスを分析する能力にたけている」と評し、経営者として実力がある人物だと保証した（＝太鼓判を押した）わけです。「太鼓判を押す」とほぼ同義で「お墨付き」という表現もあります。

　このように、わたしたちの生活に関わりのあるものの特徴や用途、また身の回りの食べ物・飲み物、生き物、自然などの特徴や現象をうまく捉えた表現があります。この様な語彙・表現は、日本人でも背景的な知識、その意味や使われ方を知らなければ、どのようなことを言い表しているのか推測するのが難しいものです。

　この課では、このような背景知識を必要とする語彙・表現について学びましょう。

読んでみよう

次の1）～4）の短い文章を読んでみましょう。

それぞれ文中には、食べ物や生き物、自然、その他生活に関わりのあるものを用いた表現が使われています。まずは、それらを探してアンダーラインを引いてみましょう。そして、それらがどんな意味か、何を指しているか文脈から考えてみましょう。

1）かつては有給休暇の消化率100％を労務管理の方針とする企業も多く見かけたが、長引く不況で有給休暇の制度は絵に描いた餅になっていると感じる。

　私は昨年、息子と旅行に行くために3日間の有給休暇を申請した。1カ月以上前に申請したが、上司は「旅行なんかで有給休暇を取るなんてありえない」。躊躇したが、思い切って労働基準監督署に相談した。指導してくれると信じていた私に、意外な言葉が返ってきた。「取らせないのは違法ですが、拒否しただけではだめです。有給休暇を申請したら会社が拒否しても休んでください。不利益な扱いや欠勤扱いにしたら違法となりますから指導します」

　上司に逆らって強引に休めるわけがない。どうして拒否した段階で指導できないのか。機能しない制度であるならば、いっそのこと、買い取りを義務化したらどうか。有給休暇の付与日数は昔に比べて格段に増えているのに取得できないために毎年時効で有給休暇を捨てている。

　それならなくなる有給休暇を買い取る義務を課すことで、会社は有給休暇取得に前向きにもなるだろう。社員も取れなかった分は買い取ってもらえる。

（朝日新聞朝刊 2012年5月8日）　39

2）就活をめぐっては、親の安定志向やブランド志向がよく話題になります。

　子供に苦労させたくないという思いから、「中小企業よりも大企業の方が安全なのでは……」と言いたくなる気持ちはわかりますが、子供が同じ考えを持っているとは限りません。（中略）

　時代の変化をみてきた親こそが、まずは規模や知名度、業種などによる先入観を捨て、子の仕事観をふまえた、その子にとっての「良い会社」選びを支援するべきではないでしょうか？

　近年、就活サイトなどで様々な情報が発信され便利になりましたが、情報をうのみにして右往左往する学生も少なくありません。

　このコラムでは、親子で就活を行う上で、偏った情報や価値観で会社選びをしない

よう、「会社の選び方」や「情報の見極め方」について書いていきたいと思います。

(朝日新聞夕刊 2012年4月9日) **40**

3) ロンドン五輪を控え、違反歴のある選手への厳しい姿勢を崩さない英国オリンピック委員会（BOA）に対し、ドーピング取り締まりの国際基準「統一コード」を定める世界反ドーピング機関（WADA）が異議を唱えた。

　陸上男子短距離のドウェイン・チェンバーズ（英）は2003年、筋肉増強剤テトラハイドロゲストリノンを使ったとして英国陸連から2年間の出場停止処分を受けた。これにより、04年アテネ五輪は逃した。

　処分期間はとっくに過ぎたにもかかわらず、彼は08年北京五輪にも出られなかった。BOAが独自に「過去にドーピング違反歴のある選手は五輪代表に選ばない」との厳しい選考基準を定めているためだ。

　BOAの考えに対し、WADAは今回、「同一の違反で2度処分することは統一コードで認められていない」と反論する。出場停止処分が解けた後に五輪への道も閉ざすのは「2度目の処分」にあたる、と考えるためだ。

　スポーツ仲裁裁判所（CAS）が昨年10月、同じ理由で、国際オリンピック委員会（IOC）が定めた「6カ月以上の停止処分を受けた者は次の五輪に出場できない」との指針を「無効」とする裁定を下したことも、WADAにとっては追い風になっている。

(朝日新聞夕刊 2012年1月13日) **41**

4) 5日の東京外国為替市場では、欧州の政府債務（借金）危機への不安からユーロが売られ、東京市場としては、2000年12月以来約11年ぶりの安値で取引されている。午後1時現在は、前日午後5時時点より79銭円高ユーロ安の1ユーロ＝99円20〜23銭。対ドルは同04銭円安ドル高の1ドル＝76円72〜75銭。

　スペインの地元紙が前日、同国政府が国際通貨基金（IMF）や欧州連合（EU）に融資を求める、と伝え、欧州危機への警戒感が強まった。前日のドイツ国債の入札での応札額が期待より少なかった、との見方もあり、欧州各国の資金繰りへの不安が、ユーロ売りに拍車をかけている。

(朝日新聞夕刊 2012年1月5日) **42**

文中にあった語彙・表現	例文中の意味
1)	
2)	
3)	
4)	

1)～4)まで文脈からおおよその意味は推測できたでしょうか。それぞれについてもとのことばの意味と使われ方を確認しましょう。

1）「絵に描いた餅」

　どんなに上手に描かれていても、絵に描かれた餅は見るだけで食べることはできません。つまり「絵に描いた餅」とは、実際に役に立たないものや、実現する見込みのないものを例えています。

　有給休暇を取得する権利は当然与えられているものですが、長引く不況が影響し、実際は申請をしても会社から拒否されてしまう役に立たない形だけのものという意味で用いられています。

2）「うのみにする（鵜呑みにする）」

　「鵜（う）」というのは鳥の名前です。鵜は、魚を食べるときに、かまずに丸のみにします。そこから変わって、物事をよく理解せずに、そのまま受け入れることを「鵜呑みにする」と言うようになりました。

　文章中では、就職活動を行う学生が、ネット上で発信されている情報をなんの疑いもなくそのまま信じてしまい、その情報に翻弄されている事実があると言っています。

3）「追い風」

　「追い風」とは、文字通り、後ろから吹いてくる風のことで、有利な状況や、後押しになるものを表します。

　ドーピング違反があった選手に厳しい処分を下すBOAに対し、「同じ違反で2度処分することは認められていない」としてWADAが異議を唱えたという記事です。その前年にCASがWADAの反論と同じ理由で、IOCが定めた指針を無効とする裁定をしているため、CASの裁定が、WADAとBOAとの対立においてWADAを後押しすることになっています。

4）「拍車をかける」

　「拍車」とは、もともと乗馬をするときに乗馬靴のかかとにつける歯車付きの金具のことです。それを馬の腹に当てて刺激することで、速度を加減します。拍車を当てて馬を加速させることから、「拍車をかける」は物事の進行を一段とはやめることを意味することばとして使われます。

　文章中では、欧州危機への不安からユーロ売りが起きている上に、欧州各国の資金繰りへの不安がそれをさらに加速させているという意味で使われています。

考えてみよう

　ここからは、このような表現をそれぞれカテゴリー別に見ていきましょう。まずは表現そのものが持つもとの意味を考えてみましょう。次に、文章の中でどのようなことを例えて用いられているか、どのようなことを指しているか、文中での意味や使われ方について考えてみましょう。

(1) 食べ物・飲み物

《 冷や飯を食う 》

　秋田県から新潟県に至る日本海沿岸東北道（日沿道）の一部延伸区間が先週開通した。だが、財源が限られるなか、全線開通の視界は開けていない。（中略）

　東北では高度成長期以降、人口が比較的多い太平洋沿いに道路インフラの整備が進んだ。日沿道沿線の首長ら建設推進派は、バブル経済崩壊後も、「無駄な道路はいらない」とする小泉改革や「コンクリートから人へ」を掲げる民主党政権下で長く冷や飯を食わされてきた。

（朝日新聞朝刊 2012年11月1日） 43

《 手前味噌 》

　大手文具メーカーが開発した新しいボールペンが、今年度の文具部門で売上1位を獲得するなど注目を集めている。メーカーの広報部によると「手前味噌だが、書き味、機能性はもちろん、デザインに関しても他社には真似できない出来栄えだ」とのこと。 44

《 お茶を濁す 》

　二酸化炭素（CO_2）を出す石油や天然ガスなどの化石燃料に、きょうから環境税（地球温暖化対策税）がかかる。（中略）

　一方、温暖化と関係の深い自動車への課税でも、本格的な見直しが始まる。こちらは環境税とは逆に、税の軽減に向けた議論となる。

　焦点は、車の購入時に価格の3〜5％を支払う自動車取得税と、重さに応じて車検などの際に納める自動車重量税だ。

　購入時には別に消費税が、保有には自動車税がかかる。自動車業界と経済産業省は「二重課税だ」と批判し、取得税と重量税の廃止を主張する。

　だが、単純な税の減免では温暖化防止に逆行しかねない。

　取得税と重量税では、一定の排ガス基準や燃費性能を満たした車の税負担を軽くする

「エコカー減税」が実施されてきた。それがメーカーの技術革新を促し、エコカーを普及させる原動力の一つとなった。

両税とも、国と地方の貴重な財源だ。課税を続け、エコカー減税の考え方でCO2の排出抑制を強化していくべきだ。

1年前の税制改正論議では、関係省庁が自治体や業界をバックに攻防を繰り広げ、重量税の一部減税とエコカー減税の手直し、補正予算によるエコカー補助金の復活でお茶を濁した。

こうした目先の損得勘定では、議論が深まらない。　　　　　　　　　　（朝日新聞朝刊 2012年10月1日）　**45**

▶他にもこんな表現がある！
- 餅は餅屋
- 棚からぼた餅
- 濡れ手で粟　　など

（2）生き物

《 雀の涙 》

N社はリーマンショック以降、急激に業績が悪化。非正規社員から正規社員にもリストラが拡大し、退職の道を選んだとしても、退職金は雀の涙ほどしか受け取れないことは目に見えていた。

46

▶他にもこんな表現がある！
- 張り子の虎
- やぶ蛇
- 捕らぬ狸の皮算用
- 天狗になる　　など

（3）自然

《 一石を投じる 》

ロシア・ウラジオストクで開かれていたアジア太平洋経済協力会議（APEC）の閣僚会議が6日、閉幕した。太陽光パネルなど環境に配慮した製品54品目の関税を2015年末までに5％以下に引き下げることなどで合意し、共同声明に盛り込んだ。

「非常にいい結果だ。WTO（世界貿易機関）の突破口になる」。議長国を務めたロシアのベロウソフ経済発展相は、予定より2時間延長した会議の後、記者会見で満足そうに

語った。

　環境製品の関税引き下げは01年からWTOで議論されながら妥結しなかった。APECが先に合意にこぎつけたことは、停滞するWTOの「多角的貿易交渉」(ドーハ・ラウンド)にも一石を投じそうだ。

(朝日新聞朝刊 2012年9月7日) **47**

《 氷山の一角 》

　コンテンツ海外流通促進機構は日本のテレビ番組などが違法にアップロードされているとして、この1年で中国などのサイトに10万4千ページの削除を要請した。海賊版を流通させたとして7年間で中国や台湾の3490人が逮捕されたが、氷山の一角と見られている。

(朝日新聞夕刊 2012年11月1日) **48**

《 峠を越す／越える 》

　北海道新幹線の「津軽蓬田トンネル」の貫通式が23日、外ケ浜町の工事現場で行われた。これで新青森－新函館間に新設される計12本のトンネルの掘削がすべて完了。2015年度の開業に向け、工事は大きな峠を越えた。

(朝日新聞朝刊 2012年10月24日) **49**

《 砂上の楼閣 》

　中国が月面着陸に成功した。スウェーデン国立スペース物理研究所研究員の山内正敏氏は、「37年ぶりの月面着陸を祝う　人類の夢実現への『第3歩』だ」で、「惑星探査の経験もなく、月軌道への到達も3度目に過ぎないのに、いきなり成功させた隣国の快挙に大きな拍手を送りたい」と讃えた。

　宇宙利用が進むにつれ、火星や彗星、小惑星への着陸が優先されるようになった経緯を解説。「頓挫しかけていた月面基地が、実現に向けて再び進展し始めた」と、その意義を指摘する。「中国の月ミッションにかける情熱は搭載機器の国産化という方針にも表れている」という。

　「国家計画として着実に月計画を進める中国を見ると、はやぶさの成功に酔ったままの日本が砂上の楼閣に見える」とも。日本の宇宙開発予算のあり方も問われるところだ。

(朝日新聞デジタル 2013年12月24日) **50**

▶他にもこんな表現がある！

・波風が立つ　　　・雲行きが怪しい　　など

（4）その他生活に関わりのあるもの

《 財布のひもが固い 》

　生産・輸出の低迷を理由にしたリストラも相次いでいるため、堅調だった国内の消費にもブレーキがかかっている。小売業では、売り上げの落ち込みを抑えようと値下げ競争が過熱。企業の利益が削られて給料が減り、家計が苦しくなって財布のひもが固くなるデフレの悪循環に陥っている。

（朝日新聞夕刊 2012 年 12 月 14 日） **51**

《 のれんに腕押し 》

　今回県知事が打ち出した政策については、不満をもった市民団体が県庁前で抗議集会を開くなど、市民からの厳しい批判が浴びせられた。しかし、結局はのれんに腕押し。市民の声は届かず、政策は半ば強引に進められた。 **52**

《 青写真を描く 》

　「1990 年代初め、タイが『戦場から市場へ』と、冷戦後の国家戦略でバンコクを大陸部東南アジアの経済や物流の中核にする構想を提唱し、アジア開発銀行が乗って『大メコン圏開発』が始まりました。タイやベトナムがつながる『東西回廊』をミャンマーに延ばせば、いずれはインドにつながる大経済圏の青写真を描けるようになる。中国はメコン開発を使って『南進』をしてきましたが、昆明中心の南北に加えてベトナムからタイ、ミャンマー、インドに至る東西の結びつきを強めて縦横のネットワークにしていく。それがこの地域を開かれた地域とするうえで大きな意味をもつと思います」

（朝日新聞朝刊 2012 年 9 月 26 日） **53**

《 お払い箱になる 》

　ブラッド・ピットは若いころから魅力的な俳優だったが、年を重ね、渋みが増した昨年公開の映画「マネーボール」はとりわけよかった。

　米メジャーリーグの実話をもとにしたこの映画で演じるのは、万年資金不足の弱小球団オークランド・アスレチックスを率いる現役 GM、ビリー・ビーンだ。

　10 年ほど前、ビーンは統計分析のプロを雇い、独特の戦術をあみ出す。従来の常識を覆し、打率や本塁打数より四死球などでの出塁率の高さを重視する。そして他球団では過小評価され、お払い箱になりそうな選手たちを見つけては、低予算で雇ったのだ。

（朝日新聞朝刊 2012 年 9 月 30 日） **54**

《 幕を下ろす 》

　秋田市中通で「駅前の本屋さん」として長年親しまれてきた加賀谷書店本店が7日、約60年間の歴史に幕を下ろす。全国チェーン大手の進出が相次ぎ、市内の残り2店舗に経営資源を集中させることを決めた。店頭販売だけでなく、官公庁や企業、学校など固定客が多い外商事業を強化することで、老舗ののれんを守る。　　（朝日新聞朝刊 2012年11月6日）**55**

《 舵を切る 》

　産山村は教育改革の先進地。2学期制、小中一貫教育、地域学習「うぶやま学」、小1から英会話、漢検数検の学習、IT活用など、教育特区や教育課程特例校を活用して授業を充実してきた。

　2010年度から再開したのが「土曜授業」だ。同村の工藤圭一郎教育長（59）は「ゆとりから学力へ国の軸足が変わり、週5日では通常授業もあっぷあっぷ。かといってせっかく培った、地域に根ざした特色ある教育は薄めたくない。地域と学力の共存には土曜授業しかなかった」。（中略）

　「5日制」完成の02年から国は「学力」へ舵を切り始めた。昨年11月、各教育委員会の判断で土曜授業ができるよう学校教育法施行規則を再改正。今年度、正規の土曜授業をする小学校は約17％、中学約18％、高校約6％に上る。　（朝日新聞デジタル 2014年9月6日）**56**

《 手綱を緩める 》

　ギリシャは、EUなどの監視下で緊縮財政を続けてきた。構造改革や税逃れの摘発は思うに任せず、年金カットや増税が先行した。失業率は22％を超え、若年層では50％に達する。（中略）

　ギリシャと同様に反緊縮の世論を背負うフランスのオランド大統領は14日、ローマでイタリアのモンティ首相と会談。ユーロ残留を支持し、EUの基金や欧州投資銀行の資金をインフラ整備などに振り向ける用意があると改めて説明した。ギリシャの有権者向けだ。

　向き合う各国の足並みがそろっているわけではない。最大の支援国ドイツで13日に公表された世論調査では、「ユーロ圏を離脱すべきだ」が69％。緊縮の手綱を緩めるなら支援は止めるべきだ、との世論は根強い。メルケル首相は14日、連邦議会の演説で「ドイツの力も無限ではない」と指摘した。オランダやオーストリアの政府内にも「離脱」を求める声がある。

　　　　　　　　　　　　　　　　　　　　　　　（朝日新聞朝刊 2012年6月17日）**57**

▶他にもこんな表現がある！

- 棚上げする
- 辻褄(つじつま)が合う
- 天秤(びん)にかける
- 渡りに船
- 帳尻が合う
- 手ぐすね引く
- 〜の思う壺(つぼ)
- 釘を刺す

など

この課のまとめ

　この課では、食べ物や飲み物、生き物や自然、生活に関わりのあるものの特徴や用途、現象などを捉えた表現について取り上げました。これらの表現は、背景的な知識がなければ、どのようなことを表しているのか推測するのが難しいものです。

　ここで取り上げたもの以外にも、さまざまな表現がありますので、新しい表現に出会ったら、以下のリストに書き加えていきましょう。

（1）食べ物・飲み物

語彙・表現	よみ	意味
絵に描いた餅	えにかいたもち	
お茶を濁す	おちゃをにごす	
棚からぼた餅	たなからぼたもち	
手前味噌	てまえみそ	
濡れ手で粟	ぬれてであわ	
冷や飯を食う	ひやめしをくう	
餅は餅屋	もちはもちや	

（2）生き物

語彙・表現	よみ	意味
鵜呑みにする	うのみにする	
雀の涙	すずめのなみだ	
天狗になる	てんぐになる	
捕らぬ狸の皮算用	とらぬたぬきのかわざんよう	
張り子の虎	はりこのとら	
やぶ蛇	やぶへび	

（3）自然

語彙・表現	よみ	意味
一石を投じる	いっせきをとうじる	
追い風	おいかぜ	
雲行きが怪しい	くもゆきがあやしい	
砂上の楼閣	さじょうのろうかく	
峠を越す／越える	とうげをこす／こえる	
波風が立つ	なみかぜがたつ	
氷山の一角	ひょうざんのいっかく	

（4）その他生活に関わりのあるもの

語彙・表現	よみ	意味
青写真を描く	あおじゃしんをえがく	
お払い箱になる	おはらいばこになる	
舵を切る	かじをきる	
釘を刺す	くぎをさす	
財布のひもが固い	さいふのひもがかたい	
太鼓判を押す	たいこばんをおす	
手綱を緩める	たづなをゆるめる	
棚上げする	たなあげする	
帳尻が合う	ちょうじりがあう	
辻褄が合う	つじつまがあう	
手ぐすね引く	てぐすねひく	
天秤にかける	てんびんにかける	
～の思う壺	～のおもうつぼ	
のれんに腕押し	のれんにうでおし	
拍車をかける	はくしゃをかける	
幕を下ろす	まくをおろす	
渡りに船	わたりにふね	

▶ 読解問題2

次の文章を読んで、後の問いに答えてください。

動物実験やめる企業、続ける企業 －資生堂が投じた一石－

Ⓐ資生堂が大きな一歩を踏み出した。

「動物実験の廃止を決定」

2月28日にそう発表し、4月から新たに開発する化粧品と医薬部外品について動物実験をしないことを明らかにしたのだ。同社の知久真巳・品質評価センター長は言う。

「長く動物愛護と安全性を両立できるよう努力を重ねてきましたが、この度、動物実験をやらなくても安全性を保証できる体制が整いました」

日本では、化粧品の安全性はそれぞれの企業が保証する必要がある。そのために動物実験が必要とされてきた。だが資生堂は、人工皮膚などを用いた「代替法」の研究を1980年代から進め、ようやく動物実験をしなくても安全性が保証できる体制を確立したという。

一方で「医薬部外品」に分類される化粧品で新たな原料を使う場合には、国が目や皮膚に対する毒性試験を義務づけており、実質的に動物実験が不可欠になっている。つまり、はやりの美白化粧品などで「薬用」をうたう新商品を開発したければ、化粧品メーカーは動物実験をせざるを得ないのだ。

①だからこそ、Ⓑ資生堂の決断には大きな意味がある。成熟市場でも伸びが期待できる、スキンケア化粧品の売上高に占める医薬部外品の割合は半分程度。この分野で新商品を作りにくくなれば、企業としては大きなリスクとなるのだ。

「新原料だけが消費者に提供できる価値ではありません。使ったときの気持ちよさや楽しさなど、消費者が本当に求めているものを作りたい」（知久氏）

資生堂が②大きく舵を切った背景には、欧州連合（EU）域内で3月11日から、動物実験を経た化粧品が全面的に販売できなくなったことがある。NPO法人「動物実験の廃止を求める会」の亀倉弘美理事は言う。

「化粧品開発における動物実験廃止を目指す運動はこの30年あまり、欧米で盛り上がりを見せ、ついにEUでの全面禁止が実現しました。日本の化粧品メーカーは③『のれんに腕押し』の状況が長く続きましたが、④EUの動きが追い風になっています」

最大手の勇断に、競合他社も追随を始めている。

「外注委託を含めて動物実験は実施しておりません。今後も動物実験を行わない方針です」

マンダムは３月８日、ホームページでそう公表した。コーセーも本誌の取材に対して2012年４月以降、動物実験をしていないことを明らかにした。

「医薬部外品の原料も含めて、動物実験は基本的に廃止しています。現時点で自社でも外注でもしていない」（広報）

ただそれでも、廃止に向けて⑤腰の重い企業があるのも事実。化粧品２位の花王は「動物実験に関する考え方は資生堂と同じ」「安全性確認の評価技術レベルも資生堂と同等」としつつも、廃止はしていない。存廃の見通しについて尋ねても、

「回答しない」（広報）

また、日用品世界１位の米プロクター・アンド・ギャンブル（Ｐ＆Ｇ）も「できる限り代替法に置き換えているが、廃止すると断言できない」と答える。

「日本国内では薬事法上求められているものがあり、最低限必要な動物実験はやむを得ずやっている。当局に規制緩和を働きかけており、最終的には廃止したい」（日本法人広報）

英国のLUSH（ラッシュ）では創業以来、動物実験をしておらず、廃止キャンペーンも展開してきた。日本の現状について、創業者のマーク・コンスタンティン氏はこう話した。

「化粧品メーカーが『美白が良い』などという価値を作りだし、その結果たくさんの動物が犠牲になっている。すごく怖いことだ。でも欧州では、消費者の９割が動物実験に反対で、動物実験をしていない商品を好んで購入している。⑥日本企業も遠からず変わらざるを得なくなるのではないか」

（『AERA』2013年４月８日増大号）

1. 下線部①「だからこそ、資生堂の決断には大きな意味がある」のはなぜですか。理由を説明してください。

2. 下線部②「大きく舵を切った」とありますが、資生堂はどのように方針を変えましたか。

3. 下線部③「『のれんに腕押し』の状況」とは、どのような状況のことですか。

4．下線部④「EUの動きが追い風になっています」とは、どういうことですか。

5．下線部⑤「腰の重い企業」とは、どのような企業のことを表していますか。

6．英国のLUSH（ラッシュ）の創業者マーク・コンスタンティン氏が、下線部⑥のように言っているのはなぜですか。

7．筆者は下線部Ⓐ「資生堂が大きな一歩を踏み出した」、下線部Ⓑ「資生堂の決断には大きな意味がある」と言っていますが、資生堂の決断をどのように評価しているでしょうか。それがわかることばを文中から漢字2文字で抜き出してください。

　　□□

8．この記事のタイトルには「資生堂が投じた一石」とあります。資生堂の新たな決断が、化粧品業界に一石を投じることになり、その結果、業界全体に□□を広げています。

　　さて、この□□とは何でしょうか。適当なことばを漢字2文字で考えて入れてください。

　　□□ を広げる

第3課

背景知識が必要な語彙・表現（2）

戦いに関連のある語彙・表現

ウォーミングアップ

次の文章を読んで、【問い】に答えてください。

> 太陽光などの再生可能エネルギーを、電力会社が発電会社から固定価格で買い取る制度が7月から始まる。(中略)
> 　7月からの制度開始をにらみ、国内外の関連企業が市場参入をねらっている。
> 　「電力危機に面した日本で買い取り制度が始まるのは非常にタイムリーだ。成長市場として期待できる」
> 　東京で開かれている太陽電池の国際展示会「PV EXPO」。会場を訪れた太陽光パネルの最大手、サンテックパワー(中国)の施正栄・最高経営責任者は、強い意欲をみせた。7月には長野県の拠点に製品の試験センターを加える予定で、品質強化をアピールする。
> 　展示会の出展数は750社で、うち海外勢は昨年より97社多い249社。新制度の特需を狙うメーカーが押しかけた。(中略)
> 　迎え撃つ日本勢は、パネル設置の支援や品質管理などを前面に出す。国内最大手のシャープは、昨秋に発電所の建設や管理をする専門部署を発足させた。国内の業界関係者は「海外勢は安さを武器に入ってくるが、長期に品質を維持できる安心感がないと続かない」と話す。
>
> (朝日新聞朝刊 2012年3月2日)

【問い】

1. この文章には「戦い」に関係のある表現があります。どれでしょうか。見つけたらアンダーラインを引いてみましょう。

2. アンダーラインを引いた表現は、もともとどのような意味だと思いますか。また、この文章では、どのような意味で使われているでしょうか。考えてみましょう。

この課のポイント

　「ウォーミングアップ」で読んだ文章は、再生可能エネルギーに関する記事でしたが、「戦い」に関係する「迎え撃つ」という表現が使われていました。「迎え撃つ」とは、もともと、「攻めてくる相手を待ち受けて、攻撃する」という意味です。この記事では、「攻めてくる相手」は「海外の太陽電池のメーカー」のことであり、「待ち受けて」いるのは、「日本のメーカー」です。海外勢と日本勢が実際に武力行使を伴う「戦争」をしているわけではありませんが、売り上げをめぐって競争をする関係です。そのため、「迎え撃つ」という表現が使われています。他にも、もとは兵力を表す「〜勢」が、ここでは、「海外の太陽電池のメーカー」を表す「海外勢」、「日本のメーカー」を表す「日本勢」というように使われています。また、「武器」も、もとは戦いに使う道具のことですが、ここでは、「強み」の意味で使われています。

　このように、政治・経済や経営に関する記事では、他者（他社）との競争を伴うことが多いため、スポーツや格闘技、戦国時代の武将、戦争など、「戦い」「競争」に関連のある語彙・表現が多く使われる傾向があります。あらためて注意深く見てみると、政治・経済などに限らず、普段何気なく読んでいる文章には、そのような語彙・表現が思いのほか多く含まれていることに気づくでしょう。

　このような語彙・表現を的確に理解できれば、文章全体の理解の助けになります。

読んでみよう

では、実際に、複数の例を見てみましょう。

次の短い文章の中には、それぞれ「武将・戦い」「スポーツ・格闘技」に関連する語彙・表現が含まれています。それらを探して、アンダーラインを引いてください。そして、①もとの意味、②例文の中の意味は何か、何を指しているのか、p.54 にある表に書いてみましょう。

1) 入社後、初めて暮らす街で文具店を回った。仕事に慣れたころ、量販店担当に。相手が気のいい商店主から百戦錬磨のバイヤーになり、深い商品知識も求められるようになった。「どうしても文具に愛着が持てない。自分のやりたいことが深く分からないまま就職した」と実感した。
(朝日新聞朝刊 2012 年 9 月 21 日) 60

2) 小林洋文教育長は 8 年前、全国公募で選ばれた。就任して、まず驚いたのは、過疎化と少子化による現実だったという。1 学年に数人しかいない小規模校をなくそうと、地域住民の説得に努め、今春までに小、中学校の統廃合を終えることができた。今年度から取り組んだ「教育の町」づくりこそ、小林教育長にとっての「やりたいことの本丸」という。
(朝日新聞朝刊 2012 年 6 月 13 日) 61

3) 古くから世界各地で将棋や囲碁、チェスなどのボードゲームが親しまれてきた。
（中略）
　　最近、コンピュータープログラムの実力が伸びている。いずれ、人間が太刀打ちできない時代がくるかもしれない。たとえそうなっても、人と人が知力で戦う「頭脳の格闘技」の魅力は、消えないのではなかろうか。
(朝日新聞朝刊 2012 年 9 月 2 日) 62

4) 米経済誌「フォーブス」がこのほど、チケット収入や球場の価値などから算出した大リーグ 30 球団の資産価値ランキングを発表した。1 位は黒田のいるヤンキースで前年比 9％増の 18 億 5 千万ドル（約 1540 億円）。ジーターやアレックス・ロドリゲスらスター選手を擁し、調査開始から 15 年連続で首位に輝いた。
　　2 位は新オーナーに多くの資産家が名乗りを上げるドジャースで、前年比 75％増の 14 億ドル（約 1160 億円）。
(朝日新聞夕刊 2012 年 3 月 24 日) 63

5）フジテレビは 28 日、朝の情報番組「めざましテレビ」でメーンキャスターをつとめるフリーアナウンサーの大塚範一さん（63）が降板すると発表した。大塚さんは元 NHK アナウンサーで、1994 年の同番組開始時から出演。昨年 11 月から、急性リンパ性白血病の治療のため休んでいた。
 　　　　　　　　　　　　　　　　　　　　　　　　　　（朝日新聞夕刊 2012 年 2 月 28 日）

6）日本と中国が国交正常化してから今年で 40 年。一連の記念行事のキックオフとなる開幕式が 16 日、北京で開かれた。両国政府はこれを機に一時は「最悪」とまで言われた国民感情の改善を進めたいとの姿勢を訴える。ただ、日中間の懸案は依然としてくすぶり、両国政府の対応には根強い不信感も漂う。　　　（朝日新聞朝刊 2012 年 2 月 17 日）

7）英国の故マーガレット王女の逸話にはふと笑ってしまう。52 年前のこと、婚礼のあと宮殿のバルコニーで群衆に手を振る姿をテレビが大写しにした。数日たってロンドンの新聞に投書が載ったそうだ。「まことに国家の慶事だが」と投書は述べつつ、「ご両人は手を振りながら『これぐらいでもういいでしょう』『もう少しの辛抱よ』などと話し合っていた。いささか不謹慎かと思われる」。投書の主には読唇術の心得があった。「気さくなカップルが一本取られた格好だった」と、昔の小欄が回想している。
 　　　　　　　　　　　　　　　　　　　　　　　　　　（朝日新聞朝刊 2012 年 4 月 6 日）

8）就職情報会社のマイナビは 7 〜 8 日、東京・新宿で大学 4 年向けの中堅・中小の合同会社説明会を開いた。昨年は 2 日間で計 1700 人の学生が訪れたが、今年は 700 人あまり。出展した外食チェーンの担当者は「今年は学生の動きが鈍い」と話す。
 　出足の遅れでかけこみ内定はさらに増える可能性がある。そうした状況では、入社はしたが思っていた仕事と違うと感じる人が多くなりかねない。
 　　　　　　　　　　　　　　　　　　　　　　　　　　（朝日新聞朝刊 2012 年 5 月 16 日）

文中にあった語彙・表現	①もとの意味	②例文中の意味
1)		
2)		
3)		
4)		
5)		
6)		
7)		
8)		

「武将・戦い」「スポーツ・格闘技」に関連する語彙・表現を見つけることができましたか。文脈からおおよその意味は推測できたでしょうか。それぞれについて、もとの意味と、文中での意味について確認しましょう。

１）「百戦錬磨」

　「百戦錬磨」は、もともとは、百戦（数多くの戦い）で鍛えられているという意味ですが、そこから、何かにおいて経験が非常に豊富だということを表します。この記事では、「百戦錬磨のバイヤー」つまり、いろいろな経験を積んだ手強い仕入れ担当者を相手に仕事をすることになった、という意味で使われています。

２）「本丸」

　「本丸」は、元来は城の中心部分で城主がいるところのことですが、そこから変わって、物事の最も重要な部分、という意味を表しています。この記事では、8年前から教育長をしている小林さんが今年度から取り組んでいる「教育の町」づくりこそが、「やりたいことの本丸」、つまり、一番やりたかったこと、という意味になります。

３）「太刀打ちできない」

　「太刀打ち」は、もともとは、文字通り「太刀（長い刀）」を「打ち合って」戦うことという意味ですが、今では、何かにおいて相手と張り合って競争すること、という意味で使われます。競技以外でも、「あの子の若さには太刀打ちできない」のように使われます。

４）「名乗りを上げる」

　この記事は、野球に興味がない人には難しいかもしれませんが、アメリカの野球（大リーグ）30球団の資産価値の順位を報じたもので、ヤンキースやドジャースはその30球団の一つです。2位のドジャースの新オーナーに多くの資産家が「名乗りを上げ」ていると言っています。「名乗りを上げる」というのは、もともと、戦場で兵士（武士）が自分の名前を大声で言い、敵に知らせることを意味していましたが、そこから変わって、何かに立候補したり、競争に参加することを表明するという意味で使います。したがって、この記事から、ドジャースの新オーナーになりたいと立候補している資産家が大勢いることがわかります。

5）「降板（する）」

　フジテレビの「めざましテレビ」という情報番組で長年メーンキャスターをつとめてきた大塚さんが「降板」したと報じています。ずっと出演していた大塚さんが病気のため休んでいた、とあることから、番組に出られなくなった、ということがわかるでしょう。「降板」はもともと野球用語で、投手が交代させられてマウンド（投げる場所）から降りることですが、そこから変わって、この記事のように、担当していた仕事などを辞めるという意味でも使われます。

6）「キックオフ」

　この記事にはサッカーやラグビーなどで使われる「キックオフ（kickoff）」ということばが使われています。これはもともとサッカーなどで、ボールを蹴って試合を始めることを表しますが、この記事に「一連の記念行事のキックオフ」とあるように、一定期間続く行事や事業を始めるという意味でも使われます。

7）「一本取られる」

　おもしろい記事ですね。思わずクスッと笑った人もいたのではないでしょうか。この記事でアンダーラインを引きたいのは「一本取られた」です。「一本取る」は、柔道や剣道で、技が一つ決まることを表し、そこから変わって、「一本取られる」は、議論などで相手に言い負かされるという意味を表します。この記事ではマーガレット王女とその結婚相手が、新聞に投書した人に不謹慎な言動を指摘されたことを「一本取られた」で表しています。

8）「出足」

　この記事には「競争」や「戦い」に結びつきそうな語彙・表現が見当たらない、と思った人も多いのではないでしょうか。実は「出足」がそれです。「出足」は、相撲や柔道で、相手の方へ足を踏み出すことを言います。そこから変わって、何かのイベントなどに人々が向かう程度・状態を表します。ここでは、会社説明会に来る学生が少なく、学生の動きが鈍い様子を「出足が遅い」という表現で表しています。

　このように、戦いとは無縁の内容の文章であっても、「武将・戦い」「スポーツ・格闘技」に関連する語彙・表現が、思いのほか多く使われています。これらの語彙・表現には、もとの意味を知っていれば文中における意味が推測しやすくなるものも多くあります。

考えてみよう

「戦い」「競争」に関係する語彙・表現は、他にもたくさんあります。ここでは、「スポーツや格闘技」から生まれたもの、「戦国時代の武将や戦争」に由来するものに分け、さらに見てみましょう。

それぞれで取り上げる語彙・表現について、「もとの意味」がヒントとして紹介してあります。それを手がかりにして、アンダーラインを引いたことばが文章中ではどのような意味で使われているか、具体的にどのようなことを指しているか、考えてみましょう。

1．スポーツ・格闘技に関連する語彙・表現

（1）野球

《続投（する）》：投手が交代しないで投げ続けること。

　自民党は25日までに党役員人事を行い、26日に安倍氏が首相に選出されたのち、同日中にも第2次安倍内閣が発足する。

　安倍氏は来年夏の参院選に向け、人気の高い石破茂幹事長を続投させる方針を決定。石破氏は17日朝のNHKの番組で「いかなるポストであれ、総裁の意向に従うのは組織人として当然のことだ」と述べ、受諾する意向を示した。
（朝日新聞夕刊2012年12月17日）**68**

《登板（する）》：投手として試合に出ること。投手がマウンドに立つこと。

　キヤノンは30日、御手洗冨士夫会長（76）が3月29日付で社長を兼務し、内田恒二社長（70）が相談役に退く人事を発表した。10年以上も同社の社長を務め、経団連会長も歴任した御手洗氏の異例の再登板で、難局を乗り切りたい考えだ。
（朝日新聞朝刊2012年1月31日）**69**

《空振り（する）》：振ったバットがボールに当たらないこと。

　首相は知事会議で予定通り、「沖縄の負担軽減に政府として全力で取り組む。そのためには全国で負担を分かち合う必要がある」と強調。「オスプレイの訓練移転に全国の知事の皆様にご理解とご協力をお願いしたい」と訴え、訓練の本土分散に理解を求めたが、会場はしらけ切って、首相の思惑は空振りに終わった。
（朝日新聞朝刊2012年11月3日）**70**

《 決定打 》：勝敗の決め手となる安打（hit）のこと。

　日本の将来にとって地方経済の再生は大きな課題だ。景気低迷による所得格差よりも、地域格差の方が深刻ではないだろうか。グローバル経済が進展し、地方の製造拠点としての地位は低下した。農業の競争力も弱く、地域経済は中央への依存が相変わらずだ。

　一方、各地で地域おこしの努力が積み重ねられている。このような草の根の活動が地域再生の礎となると期待している。

　ただ、これらの努力に大いに敬意を払う一方、その内容がどこも似たりよったりで決定打に欠けるように感じる。失礼を覚悟で言えば、「地元偏愛症候群」であると思っている。

（朝日新聞朝刊 2012 年 7 月 27 日） 71

《 直球勝負（する）》：直球（ストレート）を投げてバッターを打ち取ろうとすること。

　秋田・角館に 200 年前から伝わる樺（かば）細工（桜皮細工）の技法にクルミやカエデなど白木を採り入れた茶筒が、「モダンなインテリアに調和する」と人気なんです。1 点 1 万 2 千円と高価ですが、デザイン重視の消費者に受け入れられ、うれしく思っています。

　パリで 1 月に開かれた国際見本市会場では、英ブランド「ポール・スミス」のバイヤーから「うちの雑貨コーナーで売りたい」と誘われました。市販から 2 年近く。予想を超える反響に手応えを感じています。

　2001 年の 6 代目社長就任が転機でした。若者や海外市場にアピールできる商品もなく、当時の売り上げは下降線をたどったまま。内向きの発想から抜けきれず、将来に限界を感じていました。看板にあぐらをかくことなく、「東京や海外で直球勝負しよう」と決めました。

（朝日新聞朝刊 2012 年 4 月 26 日） 72

（2）相撲

《 軍配を上げる／が上がる 》：「軍配」という道具で、勝ち力士を示すこと。

　今回の増税にも「景気を冷やして結局は税収を増やせなくなる」との批判がつきまとう。だがそれと異なる主張もある。むしろ財政赤字の放置が景気を冷やすのだ、と。

　つまり、こういう論理だ。永遠に財政赤字は続けられない。「いま」でなくとも増税は「いずれ」必ずある。そう見た現役世代が将来の負担増や社会保障の先細りに備えて貯蓄を増やす。それが消費を抑えこむ、との分析だ。私はそちらに軍配を上げる。

（朝日新聞朝刊 2012 年 8 月 19 日） 73

《 土俵際 》：「土俵」は、相撲が行われる場所のこと。「土俵際」はその「際」、つまり土俵の端のこと。土俵から体の一部が出ると負けになる。

　2007年から支持者を対象に観劇会を毎年実施してきたという小渕優子経済産業相。しかし、小渕氏自身も出席した12年の会については、政治資金収支報告書に記載がなかった。また、前年の11年と10年の観劇会では会費収入と団体側の支出の差額が約2642万円になり、団体が負担した形になっているなどの不明な収支が明らかとなり、いよいよ土俵際に追い詰められている。政治資金規正法に抵触する恐れがあり、小渕氏は「知らなかったでは済まされないという認識だ」と責任を認める発言をしていることから、永田町では、早期辞任で幕引きを図るのではないかとの見方が優勢だ。　74

《 勇み足 》：土俵際まで相手を追い詰めながら、勢い余って自分の足を先に土俵の外に出して負けてしまうこと。

　"ソフトバンク、勇み足の下取り作戦　iPhone販売競争が過熱"
　「iPhone（アイフォーン）5」の発売にあわせて始めた旧機種の下取りサービスが、古物営業法違反（無許可営業）にあたると警視庁に指導されたソフトバンクモバイル。手順を見直して下取りを続けるが、ライバルとの販売合戦での拙速な対応があらわになった。

（朝日新聞朝刊 2012年9月26日）　75

《 肩すかし 》：相撲で、前進する相手を自分の方に引き入れて体を開きながら相手の肩をたたき、倒す技。

　グッチは先月、俳優の武井咲（18）と「パトロネージ契約」を結んだと発表した。
　目的は「グッチが武井をサポートする」こと。グッチの服やバッグを身につけ、ミラノ・コレクションのショー見学やイベント出席をするが、広告やショーには出ない。
　記者発表会で芸能記者は「え、広告に出るんじゃないの？」と肩すかしをくらったようだった。だが、これはブランドと俳優との新しい関係の一つ。「海外のクリエーティブな人々と交流して視野を広げ、国際的な活躍を期待する」とグッチ。

（朝日新聞朝刊 2012年1月19日）　76

《 ガチンコ 》：相撲に関する隠語で、真剣勝負のこと。

　パソコンをはじめ、タブレット端末やスマートフォンなど、IT（情報技術）機器がなければ仕事にならない、という人は多いだろう。IT業界25年の山本孝昭さんは「我々はIT中毒、IT依存に陥ってしまった」といい、ITを意識的に使わない「断食」を唱える。あなたは1日に何時間、画面に向き合っていますか。（中略）

「よくあるのが、会議に出席者みんながパソコンやタブレットを持ち込んで、ペーパーレスにしましょう、という動きです。うちの会社にも問い合わせがあります」

――いけませんか。

「ぜんぜんよくない。会議は顔を合わせ、意見や思いをぶつけあったり交換したりしながら、アイデアを見つけるとか行動への決定を導くとか、そのためにあります。『報告書にこうあるけど、本当はどうなんだ』『現場はこうでした』などと出し合い、ガチンコで議論する場です。それなのにみんなが会議中、画面を見ていたら、集まった意味がありません」

(朝日新聞朝刊 2012年2月8日) **77**

2. 武将・戦いに関連する語彙・表現

《 両刃の剣 》：「両刃の剣」は、両側に刃のついた剣のこと。相手を切ろうとして振り上げると、自分をも傷つける恐れがある。

米連邦準備制度理事会（FRB）のインフレ目標の導入は両刃の剣だ。

実質的なゼロ金利が長期化し、量的緩和の効果も薄れ、中央銀行ができる施策は尽きつつある。中央銀行の政策の透明性が増し、将来の物価や金利について安心できれば、個人や企業がお金を使うようになるだろう。こうした考えが新目標を導入した理由だ。

一方、インフレ目標は中央銀行の政策を縛ることになりかねない。

同じくインフレ目標を設置している英国の中央銀行、イングランド銀行は、しばしば目標が達成できない事態に陥っている。景気回復が鈍いのに物価が上昇し、物価調整に偏った金融政策を続ければ、経済をさらにいためつけることになりかねないからだ。このため、インフレ目標の効果に疑念が高まっている。

(朝日新聞夕刊 2012年1月26日) **78**

《 矛先を向ける 》：「矛」は両刃の剣に長い柄をつけた昔の武器。戦う相手に矛の先を向けること。

中小企業の現場を回っていると、コストダウン競争は終わらないのでは、とさえ思う。特に、下請け企業に対する発注元企業の要求には、こちらの胸が痛くなるほどの厳しさがある。

「（条件を）のまないならいいですよ。海外に仕事をまわしますから」「拒否するんですか。いいですよ、おなかをすかせている中小企業は、いくらでもいますから」

発注元の非情さに憤りを覚えても、経営環境の厳しさも分かるから、怒りの矛先を向けようもない。やり場のなさだけが残る。これが、グローバル競争の現実だ、と納得するしかないのか。

(朝日新聞朝刊 2012年5月1日) **79**

《 矛を収める 》：矛をしまって、戦いをやめること。

　安倍晋三首相が安全保障政策を大転換しようとする中、自民党内から議論が聞こえてこない。自衛隊の武力を使って他国を守る集団的自衛権について、これまで自民党政権自らが「使えない」としてきた憲法解釈を変更するにもかかわらずだ。かつて持ち味だった多様性を失いつつある巨大な政権政党の現実がある。（中略）

　２カ月ほど前まで、党内に集団的自衛権行使への慎重論は確かに存在した。脇雅史参院幹事長は「憲法９条と本質的に相いれない」と指摘。自民党リベラル派を代表する派閥「宏池会」を率いた古賀誠元幹事長も「議員が『ポチ』になっているから首相にものが言えない」と議論を促した。このため野田聖子総務会長は党を二分する政策を話し合う「総務懇談会」を９年ぶりに開き、ガス抜きしなければならないほどだった。

　だが、こうした慎重論はあっさり消え去った。

　安倍晋三首相は３月28日夜、参院幹部との会食で「通常国会後、ただちに内閣改造をやるか悩んでいる」とささやいた。党内の改造待望論を見越し、慎重派に人事で揺さぶりをかけた。さらに、慎重派が矛を収めやすいよう大義名分も用意。首相に近い高村正彦副総裁が、集団的自衛権の行使を必要最小限度に絞るとする「限定容認論」を打ち出すと、「憲法改正が筋」と主張していた勢力も「ストンと納得できた」（中谷氏）と受け入れる空気が広がった。

（朝日新聞デジタル 2014年5月27日）　80

《 矢面に立つ 》：「矢面」は、戦場で敵の矢が飛んでくる正面のこと。

　野田首相が税と社会保障の一体改革で、国民に負担増を求めるのは、時代の変化に向き合う一歩だといえる。行革を断行しつつ、前へ進まねばならない。

　昨年末に民主党内の増税反対論を押し切った議論を、もっと国民に見える形でやればいい。首相が矢面に立って初めて、有権者は振り返る。　（朝日新聞朝刊 2012年1月15日）　81

《 後ろ盾 》：背後を守る盾のこと。

　北朝鮮の朝鮮中央放送は28日、金正日総書記の死去に際して弔電を寄せた各国首脳らに対し、後継者の金正恩氏が返電を送ったと報じた。

　韓国の聯合ニュースによると、正恩氏の外国首脳らへのメッセージが公に伝えられたのは初めてで、国のトップとして外交も取り仕切る姿勢を示す狙いがあるとみられる。

　送り先として報じられたのはロシアやキューバなど数十カ国の大統領や首相らで、弔電への「深謝の意」を表したうえで、友好関係の強化、発展を期待する内容になっている。最大の後ろ盾である中国は返電先として報じられていない。　（朝日新聞朝刊 2012年1月29日）　82

《 錦の御旗 》：官軍（天皇側の軍）のしるしである旗。

　各家庭が電力会社を自由に選べ、電力会社が競い合う態勢をつくる改革案が固まった。実現するには電気事業法の改正が必要だが、電力制度の大きな改革は与野党に慎重論が根強い。改正案が国会で成立するまでのハードルは高い。

　経済産業省の電力システム改革専門委員会が13日まとめた基本方針は、家庭向け電力販売の自由化と発送電分離が柱になっている。この日の会合では「明快で思い切った内容だ」などという意見が相次いだ。これまでになかなか踏み込めなかった改革の方向性を示したからだ。

　経産省内では過去にも今回のような改革を進めようとする動きがあった。しかし、電力業界の反発などで進まなかった。大きく動き出したのは、昨年3月の東京電力福島第一原発の事故で、今の電力会社の問題点がふき出したからだ。

　発電の方法を原発に頼ってきたため、一気に電力不足に陥った。地域独占を続けてきた影響で、電力会社どうしで電気を送り合う「融通」も十分にできなかった。東電が家庭向け電気料金を値上げしたいと申請すると、利用者からは「電力会社を選べないのに、値上げを強制される」と不満の声が広がった。

　今までの体制では、電力業界が「安定した電力供給」の錦の御旗を掲げて新規参入をはばんできた。政府も「原発推進」などのエネルギー政策を進めるために認めてきた。競争を進めて電力会社の経営体力が弱まると、原発の建設や運営が難しくなる。

　電力販売の完全自由化と、電力会社の発電部門と送配電部門を分ける「発送電分離」は競争を促す。原発事故まではなかなか進められなかったが、事故後に政府が原発依存を見直し始めたのを受け、経産省の委員会でも改革を進める機運が一気に高まった。

（朝日新聞朝刊 2012年7月14日）　83

《 布陣 》：戦いに備えて兵士を配置すること。またはその配置した兵士のこと。

　オリンパスの主力事業は世界シェア7割の医療用内視鏡。笹氏は長年、この分野を歩み、医療機器の製造、販売を手がける子会社「オリンパスメディカルシステムズ」の取締役も務める。このため事業再生に向けた新社長に適任と判断された。

　4月20日の臨時株主総会に提案される新体制案は、11人の取締役のうち、過半数の6人が会社から独立した社外役員。常勤5人の役員も、会長と1人が主力取引銀行の出身者だ。

　歴代社長に権限が集中しすぎて取締役会が機能せず、不正支出を見過ごした反省を理由にしており、高山社長は「不祥事と全く関連のない方を選び、ステークホルダー（利害関係者）にご信頼いただける布陣にできた」と自賛する。

（朝日新聞朝刊 2012年2月28日）　84

《 先陣を切る 》：敵に最初に切り込んでいくこと。

　日本は少子高齢化が進む。老後の頼みの綱であるはずの年金は、支える若年層人口が細っていくから心もとない。長引くデフレのもとで、日本経済も活気を失って久しく、政府・民主党から聞こえてくるのは、消費税増税や年金支給開始年齢の引き上げなど、暗くなる話ばかりだ。

　団塊の世代が今、口にする不安は、後に続く50代の私たちの世代や、40代、30代の不安を代弁しているように思われる。これからの日本がどんな社会になっていくのか、団塊の世代が先陣を切って体験していくことになる。
（朝日新聞朝刊 2012年2月10日）

《 背水の陣 》：後ろが川などで逃げられないため、兵士が必死で戦うしかないような状況。

　今治では90年代以降、生産拠点を海外に移す企業が相次いだ。しかし、最近は地元での生産を増やす動きも出始めた。

　92年に中国で、05年にベトナムで工場を開設した「一広」。商品には製造地を明記し、今治工場でつくる「今治タオル」ブランド品と区別している。

　海外での生産額は月に計約400万ドル（3億2千万円）。一方、国内は2500万円。海外生産と販売が寄与し、年商は今治のタオル会社トップの100億円に成長した。（中略）

　しかし、足元では、今治工場はフル操業でも生産が追いつかなくなり、他5社に委託している状態だ。今夏、直営店での売り場面積を増やすという。

　業界団体はかつて、急増する中国産タオルの輸入を制限してもらおうと、国に緊急輸入制限措置（セーフガード）を申請したが、発動されなかった経緯がある。

　平尾理事長は「背水の陣の危機感でライバルメーカーが一致結束して産地再興へ知恵を絞った。自由な競争下で鍛えられた」と振り返る。
（朝日新聞朝刊 2012年6月25日）

《 反旗を翻す 》：仕えている人に背くこと。

　消費増税に慎重な自民党の中堅・若手議員が、22日に勉強会を立ち上げる。増税の前に経済成長を達成することや行政改革が必要という姿勢を強調。増税に前向きな谷垣禎一総裁ら党執行部や一部の長老に反旗をひるがえす。
（朝日新聞朝刊 2012年5月12日）

《 牙城 》：城の中で大将のいるところ。

　現代米国法人のジョン・クラフシックCEOは「品質調査ではトヨタやホンダを差し置いて1位に輝いた」と強調する。品質向上のため、末端の下請けまで幹部が出向いて直接指導することもあるという。デザイナーを独アウディやBMWから引き抜いて車のデザインも一新した。

　金融危機後は新車購入から1年以内に失業した場合は返品でき、ローンも免除する「破格」の戦略で乗り切った。年内の発効が見込まれる米韓自由貿易協定（FTA）もにらみ、販売網もさらに拡大を目指す。

　トヨタの牙城であるハイブリッド車（HV）にも切り込む構えだ。
（朝日新聞朝刊 2012年1月19日）

第3課　考えてみよう

この課のまとめ

　この課では、文化的背景を持つ語彙・表現のうち、特に、「戦い」「競争」に関わりのあるものを取り上げました。戦国時代の武将、戦いに関連するものもあれば、野球やサッカーなどのスポーツ、相撲や柔道などの格闘技に関連するものもありました。これら以外にも、このような語彙・表現は多くあります。以下のリストは、この課に出てきたものを分野別に50音順に並べたものです。今後、新聞や雑誌の記事の中で新しい表現に出会ったら、リストに書き加えていきましょう。

1．スポーツ・格闘技

語彙・表現	よみ	意味
勇み足	いさみあし	
一本取られる	いっぽんとられる	
肩すかし	かたすかし	
ガチンコ	ガチンコ	
空振り（する）	からぶり（する）	
キックオフ	キックオフ	
軍配を上げる／が上がる	ぐんばいをあげる／があがる	
決定打	けっていだ	
降板（する）	こうばんする（する）	
続投（する）	ぞくとうする（する）	
直球勝負（する）	ちょっきゅうしょうぶ（する）	
出足	であし	
登板（する）	とうばん（する）	
土俵際	どひょうぎわ	

2．武将・戦い

語彙・表現	よみ	意味
後ろ盾	うしろだて	
牙城	がじょう	
〜勢	〜ぜい	
先陣を切る	せんじんをきる	
太刀打ち	たちうち	
名乗りを上げる	なのりをあげる	
錦の御旗	にしきのみはた	
背水の陣	はいすいのじん	
反旗を翻す	はんきをひるがえす	
百戦錬磨	ひゃくせんれんま	
布陣	ふじん	
矛先を向ける	ほこさきをむける	
矛を収める	ほこをおさめる	
本丸	ほんまる	
迎え撃つ	むかえうつ	
矢面に立つ	やおもてにたつ	
両刃の剣	りょうば（もろは）のつるぎ	

▶ 読解問題３

次の文章を読んで、後の問いに答えてください。

減産サプライヤーの二股戦略
－アップルの奇跡は終わったのか－

　ⓐ「神話」とまで讃えられたアップルの強さは揺らいでいるのか——。「準日本製」と言われるほどiPhoneビジネスに深くかかわってきた日本の電子部品メーカーに、そんな疑心が広がっている。きっかけは、世界を駆け巡った「5」の減産報道だ。あるアナリストの推計では、発売直後の去年10〜12月の生産台数は4千万台を超えたが、今年1〜3月は2千万台程度に減ったという。（中略）
　①岐路に立たされたのは、日本の部品メーカーである。年間の出荷台数が1億台を超える膨大な受注は大きな稼ぎをもたらしてきたが、ⓑ逆回転を始めれば打撃も甚大になる。
　「もはや一部のスマートフォンメーカーに依存する②一本足打法はリスクだ」
　TDKの上釜建宏社長がそう明言するように、各社は「アップル・プラス1」を求めて供給先の開拓に乗り出している。
　シャープと並び、iPhoneのディスプレー向けに液晶パネルを供給するジャパンディスプレイは今月3日、主力工場の生産能力を倍増すると発表した。中国の華為技術（ファーウェイ）や台湾の宏達国際電子（HTC）など、中堅スマホメーカーとの取引拡大を狙っている。「iPhoneの減速を好機とみて、中堅メーカー側も高性能な日本製部品の獲得に動いている」（アナリスト）という。
　小型コンデンサーで高いシェアを誇り、サムスンにも食い込む村田製作所が狙うのも中国市場だ。スマホの爆発的な普及が始まった中国では、独自ブランドを打ち立てた新興のスマホメーカーが続々と誕生。成都や重慶など内陸部にもくまなく販売会社を構え、営業攻勢をかけて巨大市場の果実を得る戦略だ。「スマホ市場は、どのメーカーが最後に勝つのか、まだ予測できない」（村田恒夫社長）
　世界的な普及期に入ったスマホのⓒ主戦場は今後、先進国から新興国に移る。米コンサルティング大手、ベイン・アンド・カンパニーの予測では、15年にかけて500ドル超の高価格スマホの市場はほとんど伸びないが、150ドル未満の低価格スマホは年率70％以上も伸びる。高価格帯にしか商品がないアップルの戦略は行き詰まりかねない。
　そもそも、アップルとの取引はⓓ「不平等条約」（部品メーカー）と言われるほど厳しい。

前出のシャープ関係者によると、工場にはアップルの担当者が常駐し、
「設備から生産能力、人員、生産のリードタイムまで『原価』を丸裸にされ、絶えずコストダウンを求められる」
　巨額の設備投資を行っても発注量は確約されず、過剰在庫を抱えるリスクがつきまとう。不適格とみなされれば、あっさり切られる。昨年8月、小型モーター製造のシコーは85億円の負債を抱え、経営破綻した。関係者によると、「5」の前の「4S」にモデルチェンジする際に発注が途絶え、設備投資の償却負担などが重荷になったという。
　とはいえ、日本は世界でも有数の「iPhoneびいき」。12年度の市場シェアは約36％に上り、10％未満のサムスンを圧倒する（MM総研調べ）。サムスンを推すNTTドコモが今秋にもiPhoneを扱うとの噂も絶えず、日本市場ではまだ③アップルの牙城は揺らぎそうもない。

（『AERA』2013年6月17日号）

1．ここでいう下線部Ⓐ「神話」とはどのようなことですか。

2．下線部①「岐路に立たされたのは、日本の部品メーカーである」とありますが、日本の部品メーカーは具体的にどのような状況におかれましたか。

3．下線部Ⓑ「逆回転」とは、何がどうなることを言っていますか。

4．下線部②「一本足打法」とは、野球の打者が一本足の状態でバランスを崩さずに構えるバッティングフォームのことです。ここでは何を例えて言っていますか。

5．下線部Ⓒ「主戦場」とは、何を表していますか。

6. 部品メーカーはアップルとの取引を、下線部Ⓓ「不平等条約」だと言っています。どのように不平等ですか。

7. 下線部③「アップルの牙城は揺らぎそうもない」とは、どのような意味ですか。また、「牙城」とは何を指していますか。

第4課
背景知識が必要な語彙・表現（3）
社会的背景を持つ語彙・表現

ウォーミングアップ

次の文章を読んで、【問い】に答えてください。

　　トルコを訪問した安倍晋三首相は30日、日系企業連合による原発受注を「成果」にして帰国した。経済成長が著しく、安定的な電力を求めるトルコの要請に合致した形で、インフラ輸出により経済成長を図る政権はトップセールスで「原発外交」へとひた走る。だが、国内では、東京電力福島第一原発の放射能汚染水や除染といった課題が山積のまま。被災地で冷ややかな声も出ている。（中略）
　　原発輸出はアベノミクスの推進力となる成長戦略の柱だ。原発1基あたりの事業費は4千億〜5千億円。経済産業省は国際原子力機関（IAEA）の予測をもとに、2030年までに世界で最大370基の原発新設を見込む。計100兆円超の大市場で、各国との受注合戦は激しい。日本では原発事故の対応が続くだけに、政権側は事故後に初めて正式受注を得た実績を前面に出したい考えだ。

（朝日新聞デジタル 2013年10月31日）　90

【問い】
アンダーラインを引いた「アベノミクス」とは、何のことだと思いますか。

この課のポイント

　「アベノミクス」は、2012年12月に第96代内閣総理大臣となった安倍晋三氏の姓である「安倍（アベ）」と、「エコノミクス」とを合わせて作られた造語で、新政権発足直前の2012年11月ごろから多用されています。この記事は2013年10月のものですから、政権発足から約1年経過していることになります。

　「エコノミクス」は「経済学」のことなので、安倍首相が関わる経済学、つまり、安倍首相が打ち出す経済政策なのではないか、というところまでは推測できるのではないでしょうか。しかしながら、どのような経済政策なのかというところまでは、この記事から理解することも推測することも難しいと言えます。

　では、次の記事を読んでみましょう。

> 　金融・証券市場では、公共事業を中心とした財政拡大と金融の大幅な緩和を柱とする安倍氏の経済政策を「アベノミクス」とはやし、円安、株高が進んでいる。
> 　一方、人口減少とグローバル化が進み、国の借金が国内総生産の2倍に達する日本で、財政と金融のバラマキはリスクが大きいとの見方も強い。
>
> （朝日新聞朝刊 2012年12月25日）91

　この記事は、2012年12月のもので、安倍新政権が発足する直前のものです。この頃多用されるようになった「アベノミクス」は、その意味がまだ広く社会に浸透していないことから、文章中で「公共事業を中心とした財政拡大と金融の大幅な緩和を柱とする安倍氏の経済政策」のことを表しているということを明示しています。

　このように、何らかの出来事や事象をきっかけに、新しい語彙が作られることがあります。作られた当初は、その意味を明示し、説明を付して使用していても、多用される中で広く認知されるようになると、あたかも昔からあり、周知の語であるかのように使われるようになります。

　このような語彙は、他の語彙とは違って、背景的な知識がなければその漢字や他の周辺情報などから意味を推測することも難しいものです。

　この課では、このような、社会的背景を持つ語彙について取り上げます。

読んでみよう

では、実際に、いくつか例を見てみましょう。

次の短い文章の中には、それぞれ、アンダーラインで示したような、社会的背景を持つ語彙が含まれています。記事の内容から、これらの語彙について、どの程度その意味を推測することができるでしょうか。

1）2日に公示された衆院選は、安倍晋三首相が2012年末の再登板以来、推し進めてきた政策の是非が問われる。政権の2年を振り返ると、争点となる多くの課題が浮かび上がる。

　首相は就任当初から、デフレ脱却と景気回復をめざす「3本の矢」と銘打ち、日銀と歩調を合わせて大胆な金融緩和と財政出動を進めた。株高と円安が進行し、一部の経済指標は好転。賃上げする大企業も増えた。だが、3本目の矢と位置付ける「成長戦略」の具体化は進まず、道半ばと言えそうだ。　　　（朝日新聞デジタル 2014年12月2日）92

2）バブル経済の真っただ中、日本企業がリゾートホテルやゴルフ場など、海外の不動産を買い漁る姿は、私の目には異常なものとして映った。中でも、1989年、大手不動産会社の三菱地所が、ニューヨークにあるロックフェラー・センターを約2200億円で買収した、というニュースを聞いたときには、耳を疑った。93

3）1989年末頃からの資産価格の下落の影響を受けて、1991年ごろから景気は後退し始め、バブル経済が崩壊した。消費が冷え込んで、デフレーションを招き、雇用状況は悪化した。

　このような状況が2000年代初頭まで続き、「失われた10年」と言われたのだが、実は、その後、「失われた20年」だっただの、今後も含めてさらに「失われた30年」になるだろうとの声もある。この国は、どこまで「失われ」続けるのだろうか。94

4）民間企業に勤める20代の4人に1人が、「自分の勤め先が『ブラック企業』にあたる」と考えているとの調査結果を31日、労働組合の中央組織・連合系のシンクタンク「連合総研」がまとめた。

　10月1〜6日、民間企業で働く20〜64歳の男女2千人を対象にインターネットで調査した。勤め先がいわゆるブラック企業に当たるかどうか、との問いに「思う」「どちらかというとそう思う」との回答は20代が23.5％と最も高かった。

次いで30代では20.8％、40代が15.4％と続き、50代は11.2％と20代の半分の割合だった。業種別ではあまり偏りはなかった。連合総研は「相対的に所得が低い若年層の方が、勤め先への不満を持ちやすいからではないか」と分析する。

(朝日新聞デジタル2013年11月1日)

5) この平成生まれの「ゆとり世代」は、90年代のバブル崩壊以後、日本の「右肩下がり」の時代しか見ていない世代。バブル世代などの上の世代に比べると、「競争」を良しとしない傾向が続いています。そのため、周囲との競争に勝って大きな成功体験をしたり、それによって自信を得たりする機会が少なかったのではないかと感じます。

(朝日新聞デジタル2013年10月23日)

どうでしたか。文中の表現から、ぼんやりとでも、「こんなことを示しているのかな」というイメージを抱くことはできたでしょうか。

まず、1)の記事について見てみましょう。「首相は就任当初から、デフレ脱却と景気回復をめざす『3本の矢』と銘打ち、日銀と歩調を合わせて大胆な金融緩和と財政出動を進めた。」の部分から、「3本の矢」が、デフレ脱却と景気回復をめざした3つの政策で、そのうちの2つが、「金融緩和」と「財政出動」であることがわかります。また、最後の文から、残りの1本の矢は、「3本目の矢と位置付ける」の後にある「成長戦略」だということが読み取れるでしょう。

次に、2)ですが、「バブル経済の真っただ中」に、日本企業が「海外の不動産を買い漁」り、「ロックフェラー・センターを約2200億円で買収した」とあります。このことから、「バブル経済」の時期には、企業による投機的な不動産投資が活発に行われていたことがわかるでしょう。また、「バブル（泡）」ということばから、この経済の状況が、実体がなく、いずれはじけるものであるということが想像できるのではないでしょうか。

3)の「失われた10年」についても、前後の内容から1990年ごろから「2000年代初頭まで」続いた、「消費が冷え込んで、デフレーションを招き、雇用状況が悪化した」状況だということが明らかです。

第4課　読んでみよう

ところが、4）の記事には、2）や3）のような、明らかに手がかりとなる情報があまりありません。「自分の勤め先が『ブラック企業』にあたる」と考えている、というところから、「ブラック企業」が企業を評価する何かだということ、また、「勤め先への不満を持ちやすい」というところから、マイナスイメージだろうと想像することはできます。これは、黒色が持つ一般的なイメージと一致するもので、「ブラック企業」は、何らかの理由でマイナス評価を受けている企業ではないかと推測することができるでしょう。

　最後の5）の「ゆとり世代」については、なぜ「ゆとり」という名称がついているのか、この記事からは全くわかりませんが、バブル崩壊後の、日本の経済が低迷している時期に育った世代であり、周囲と競争して勝つ、という体験をあまりしていない人々のことだということはわかります。

　このように、社会的背景を持つ語彙の多くは、既有知識として持っていない限り、それらが何のことを指し示しているのか、明確に理解することは難しいと言えます。ただ、上記の1）から5）で見た通り、仮にある語彙に関する知識がない場合でも、その前後の文の内容から、概ね予測が可能な場合も少なくありません。これから、いろいろな記事を読んで、慣れていきましょう。

やってみよう

次の表は、戦後の日本の状況を時間の流れに沿って示したものです。（　）の中には、p.77のa〜pのことばが入ります。前後の内容を参考に、適当なことばを選んでください。

おおよその時期	その頃の日本社会の状況 ▼	
1947〜1949年	第二次世界大戦の後、1947年から1949年頃に生まれた世代のことを（①　　　　　　）と呼びます。 この時期は年間の出生数が250万人を超えており、前後の時期と比べても突出しています。この現象を（②　　　　　　）と言います。	A
1955〜1957年	1955-1957年ごろは、日本の歴史が始まって以降、他に例を見ない好景気に沸きました。この好景気は「神武景気」と名付けられており、この時期には、白黒テレビ・電気洗濯機・電気冷蔵庫の（③　　　　　　）を中心に、一般家庭にも電化製品が売れるようになりました。	B
1957〜1958年	景気がだらだらと低迷し、底をついたまま回復しない状態。まるで鍋の底にあるような状態という意味で、（④　　　　　　）と呼ばれるようになりました。	C
1964年	1964年、東京で、アジア初となるオリンピックが開催されました。オリンピック開催にともなって、新幹線や高速道路など交通網が整備されたり、国立競技場や日本武道館など必要な競技施設が建設されたりしたため、（⑤　　　　　　）と呼ばれる好景気となりました。	D
1964年ごろ〜	1964年、東京でオリンピックが開催されましたが、このころ、東京を中心に、都会では開発が進められ、建物や道路などが次々と完成していきました。これらの作業を担っていたのが、農村からの出稼ぎの人々でした。働き手が都会に出てしまった地方の農村では、残った家族だけ、つまり「じいちゃん」「ばあちゃん」「かあちゃん」で農業を営むことになったのです。農業のこのような状況を（⑥　　　　　　）と呼びます。	E

第4課　やってみよう　75

1965〜1970年	1965年の終わりごろから70年まで続いた大型の景気で、第二次世界大戦後から第一次石油ショックを経験するまでの間で最長だったのが「いざなぎ景気」です。建設国債を原資として、公共事業が多く行われたことが特徴だと言われています。このころ、企業が卒業見込みの学生の採用を早くから内定するという意味で（⑦　　　　　　　）ということばが見られるようになるなど、学生の就職状況も好調でした。	F
1971〜1974年	1971年から1974年までベビーブームがあり、毎年200万人以上生まれています。この時期に生まれた世代を（⑧　　　　　　　）と呼びます。彼らは、同世代の人口が多かったことから、子供の頃から競争社会に身を置くこととなり、特に入学試験に当たっては非常に厳しい状況を強いられ、それは（⑨　　　　　　　）と呼ばれるほどでした。	G
1986〜1991年	1980年代後半から、1990年代初頭に起こった好景気、およびそれに付随して起こったさまざまな社会現象を指して（⑩　　　　　　　）と言います。商品やサービスの生産・販売など、具体的な対価がともなう実体経済とはかけ離れて、資産価格が大幅に上昇し、その後急速に下落が起こりました。	H
1990〜2000年ごろ	バブル景気は1990年ごろから後退し始め、「バブル経済が崩壊した」と言われるようになります。すぐに、雇用に悪影響が及び、消費も冷え込み、不況が続きました。このような状態が10年は続くこととなりますが、この時期を（⑪　　　　　　　）と呼びます。	I
2001〜2011年	文科省（文部科学省）は、学校で起こるさまざまな問題（校内暴力、いじめ、不登校など）を背景に、知識を詰め込む教育から、子供たちの自ら学び自ら考える力の育成への転換をめざし、教育内容を大幅に削減した教育課程を2002年度から採用しました。これは「ゆとり教育」と呼ばれています。しかし、結果的に子供たちの基礎学力低下につながったとの批判をあびることとなりました。このような教育を受けた子供たちを（⑫　　　　　　　）と呼んでいます。	J

1993～2005年	バブル経済崩壊後、雇用状況は悪くなり、特に大学を新しく卒業した新卒者の就職が困難な時期を迎えます。このような時期である1993年から2005年ごろを（⑬　　　　　　　）と呼びます。 この時期、高校や大学を卒業した後に、アルバイト・パートといった非正規雇用の形態で働く（⑭　　　　　　　）と呼ばれる若者が増えました。　K
2007年	団塊の世代の1947年生まれの労働者たちが2007年に60歳定年を迎えることにより、企業活動や社会保障など多方面でさまざまな問題が生じるのではないかとの懸念があり、このことは（⑮　　　　　　　）と呼ばれました。　L
2000年代後半	劣悪な労働条件で社員を働かせ、使い捨てにする企業のことを指す（⑯　　　　　　　）という表現が使われ始めました。度を超えたノルマや長時間労働を課すなどして、肉体的にも精神的にも追い詰め、自分から退職せざるを得ない状況に追い込むとされています。　M

a．鍋底不況	b．団塊の世代	c．2007年問題	d．バブル景気
e．失われた10年	f．ベビーブーム	g．就職氷河期	h．オリンピック景気
i．三種の神器	j．団塊ジュニア	k．三ちゃん農業	l．ブラック企業
m．フリーター	n．ゆとり世代	o．受験戦争	p．青田買い

この課のまとめ

　この課では、社会的背景を持つ語彙を取り上げました。ここでは、経済に関連する語彙を中心に取り上げましたが、他にも、例えば、政治の分野には政治の社会的背景を持つ語彙があります。このような語彙をより多く知っていることが、記事の内容をより深く理解することにつながります。以下のリストは、この課に出てきたものを50音順に並べたものです。今後、新聞や雑誌の記事の中で新しい表現に出会ったら、リストに書き加えていきましょう。

語彙・表現	よみ	意味
青田買い	あおたがい	
アベノミクス	アベノミクス	
いざなぎ景気	いざなぎけいき	
失われた10年	うしなわれたじゅうねん	
オリンピック景気	オリンピックけいき	
三種の神器	さんしゅのじんぎ	
三ちゃん農業	さんちゃんのうぎょう	
3本の矢	さんぼんのや	
就職氷河期	しゅうしょくひょうがき	
受験戦争	じゅけんせんそう	
神武景気	じんむけいき	
団塊ジュニア	だんかいジュニア	
団塊の世代	だんかいのせだい	
鍋底不況	なべぞこふきょう	
2007年問題	にせんななねんもんだい	
バブル景気	バブルけいき	
バブル経済	バブルけいざい	

ブラック企業	ブラックきぎょう	
フリーター	フリーター	
ベビーブーム	ベビーブーム	
ゆとり世代	ゆとりせだい	

▶ 読解問題4

次の文章を読んで、後の問いに答えてください。

「さとり世代」が難関大学受験を敬遠する理由

　楽をして正社員になりたい──。これが今の高校3年生、現役受験生の"夢"らしい。①「さとり世代」とも呼ばれる彼らは、「入りたい」大学ではなく「入れる」大学を目指す。
　そもそも、さとり世代とはどんな人々なのか。博報堂ブランドデザイン若者研究所リーダーで、新書『さとり世代』（角川 one テーマ 21）の著書もある原田曜平氏は、「ゆとり世代と基本的には同義です」と言う。
　「ゆとり世代には否定的な印象があり、それを払拭しようとネットを中心に広まりました。いわゆる草食系とも重なり、かつては先進国病とも呼ばれました」
　つまりは②豊かな国に生まれた若者の特徴ということらしい。現状への満足度が高く、社会に反抗することはない。消費意欲や恋愛願望などの"欲望"に乏しく、文字どおり「さとり」に達したように覇気がなく見える場合もある──。
　ゆとり世代の定義はさまざまだが、「ゆとり教育」と呼ばれた、学習内容や授業時間を減らした学習指導要領による教育を受けた「1987年4月2日から、96年4月1日生まれ」とする見方がある。この場合、上は今年 27 歳になり、下は現在の高校3年生だ。
　つまり、今年の現役受験生は「最後のゆとり世代」になるわけだ。
　そのため今年の現役受験生には大きな脅威がある。「脱ゆとり教育」を受けてきた後輩の存在だ。何しろ今の高3と高2では教科書の厚さからまったく異なる。「上下の学年が接する部活などで話題になり、高3を怯えさせている」（教育ライター）というのだ。
　都内の私立中高一貫校の教頭が言う。
　「浪人したら新カリキュラムで学んだ2年生たちと競争することになるという不安が、高3を安定志向にさせているようです」
　ゆとりで育った「無欲」さと、③後輩への「怯え」。これらが「さとり世代」の受験に影響を与えている。
　大手予備校の河合塾、近藤治・教育情報部長は「自分の極限まで勉強して、という生徒はそれほど多くはありません」と指摘する。
　「可能な範囲でがんばって、現役で合格できる大学でよしとする。生まれたときから景気のいい時期があったわけでもなく、夢を抱きにくいのかもしれません。家族の仲がよく、両親のアドバイスを受け入れる素直さもあるようです」

（週刊朝日 2014年1月31日号）

1．下線部①「さとり世代」とほぼ同じ意味で使われていることばを文章中から5文字で抜き出してください。

　　□□□□□

2．下線部②「豊かな国に生まれた若者の特徴」とは、どのようなものですか。

3．下線部③「後輩への『怯え』」とは、誰が誰に対して、どのような「怯え」を抱いていることを表していますか。

第5課

もとの形から変化している語彙・表現

ウォーミングアップ

次の文章を読んで、【問い】に答えてください。

> ①ベアは論外、②定昇は延期・凍結も――。③経団連が23日、久しぶりに厳しい内容の「2012年版　経営労働政策委員会報告」を発表した。東日本大震災や円高で、経営環境が悪くなったことを理由にあげている。④春闘の経営側の指針となるが、⑤労組は反発しそうだ。
>
> （朝日新聞朝刊 2012年1月24日）

【問い】

1．アンダーラインを引いたことばを知っていますか。初めて見ることばがある場合、それはどのような意味だと思いますか。

2．アンダーラインを引いたことばは、それぞれあることばを略したものです。もとのことばは何だと思いますか。

この課のポイント

「ウォーミングアップ」で読んだ文章は、新聞記事の冒頭の部分です。文章の初めに略した表現が使われていると、そのことばを知らなければ、次に続く内容の把握・予測をすることが難しくなります。

このような場合、みなさんならどうするでしょうか。「内容が予測できない＝興味を失って読まない」という選択肢もあるでしょうし、なんとか踏みとどまって読み進めてみる人もいるでしょう。読み進めながら略した表現の意味を理解しようとするはずですが、その際、何を手がかりにするでしょうか。

上の記事には、次のような内容が続きます。何か理解の助けとなる語彙・表現はあるでしょうか。読んでみましょう。

⑥経労委報告は春闘については個々の労使交渉によるとしつつ、「恒常的な総額人件費の増大をまねくベースアップ（ベア）の実施は論外」とし、年齢に応じて上げる定期昇給（定昇）も「負担がとりわけ重い企業では、延期・凍結も含め厳しい交渉を行わざるを得ない可能性」もあるとした。

　定昇についての厳しい表現は「廃止・縮小」に触れた04年以来8年ぶり。ベアへの否定的表現も10年までの「困難」より強まった。

　もともと経済界は、海外より高い人件費や法人税、最低賃金引き上げなど労働規制の強化、外需を内需に取り込むための経済連携の遅れなどを指摘してきた。昨年はそれに、震災や円高、電力不足、欧州の債務（借金）問題による世界経済低迷の恐れも加わった。

　このため今春闘にあたっては、「まず国内雇用の維持や雇用の創出」などとし、Ⓐ「賃金より雇用」というトーンを強めた。労働組合の全国組織である連合は2年続けて、定期昇給に加え、「1％を目安にした賃金などの適正配分」を求める方針だが、経労委報告は「企業の危機的な経営環境に対する認識が甘い」と切り捨てている。

　連合がⒷ処遇改善を求める根拠のひとつは、労働者の給与所得がピーク時の1997年に比べて5％ほど減っているため、これを「復元」すべきだ、という考え方だ。だが、これにも「ボーナスを除いた給与はむしろ上がっている」「デフレが進んで実質的な賃金水準は上がっている」などと反論している。

　記者会見した経労委員長の宮原耕治・経団連副会長（日本郵船会長）は「恐らく連合が一番問題にするのは定昇の部分だろう」としつつ、「危機感を労使が共有し、成長の道を探り当てることが大事だ。成長こそが雇用、処遇の源泉」と述べた。春闘は25日、経団連と連合のトップ会談で実質的に始まる。

（朝日新聞朝刊2012年1月24日）

　この部分の冒頭に、⑥経労委報告という表現が出てきますが、これはウォーミングアップで見た「2012年版　経営労働政策委員会報告」の略であることは理解できるでしょう。そして、先ほど不明だった「ベア」は「人件費の増大をまねくベースアップ」であり、「定昇」は「年齢に応じて上げる定期昇給」を略したものだということがわかります。

　一方、「春闘」については、直接説明はないものの、記事の内容から、賃金などについて「労使交渉」をする場なのではないかと推測することができるでしょう。そして、今年の春闘「今春闘」では、「経労委」側はⒶ「賃金より雇用」という立場をとっており、対

する労働組合の全国組織である「連合」は⑥処遇改善を求めていることがわかります。ここから、前のページにあった⑤労組とは労働組合のことであり、この記事は今年の「春闘」で、「経労委・経団連」と「労組・連合」との対立点を報じたものだということが明らかになります。

　「春闘」「経団連」はそれぞれ「春季闘争」「日本経済団体連合会」を略したものですが、これらの用語の社会的な認知度が高いと判断されているためか、この記事の中では、最後までもとのことばを示すことなく使い続けられています。

　このように、新聞記事には略した表現が多用されていることがわかるでしょう。略した表現を使用する場合は、はじめに正式な用語・もとの形を示した後で、省略した形を使うのが一般的ですが、この記事のように、冒頭で略した形で簡潔に示してインパクトを与え、続く文章中でもとの形・意味を示すということもあります。実際に新聞や雑誌の記事を読む際は、このことを念頭に置いて、続く文章も少し視野に入れながら読み進めてみるとよいでしょう。

　また、「春闘」「経団連」のように、文章中では特に説明、言い換えられることなく使用される表現もあります。さらには、略した表現ではなくても、文章中で新しい語に出会うこともあるでしょう。このような場合はどうやって意味を推測し理解すればよいか、この課で考え、練習しましょう。

読んでみよう

では、実際に、いろいろな例を見てみましょう。

次の文章の中のアンダーラインを引いたことばは、あることばを略したり、複数のことばを組み合わせた表現です。どのような意味だと思いますか。また、もとになっていることばは何だと思いますか。

1) 8月の国内新車販売台数（軽自動車含む）は、前年同月比12.4％増の37万777台だった。11カ月連続で前年を上回ったが、エコカー補助金終了前の駆け込み需要はみられず、伸び率自体は鈍化した。日本自動車販売協会連合会（自販連）と、全国軽自動車協会連合会（全軽自協）が3日発表した。軽を除く車は7.3％増の23万2372台で、伸び率は11カ月ぶりに1ケタにとどまった。補助金の申請ペースは鈍っており、「目立った駆け込み需要はない」（自販連）という。
（朝日新聞朝刊 2012年9月4日）

2) 明治安田生命保険は20日、ベルギーの銀行グループ傘下の保険会社（本社・ポーランド）を、提携先の独保険会社と共同で買収すると発表した。政府債務（借金）危機で経営が悪化した欧州の銀行は、資産の売却を進めており、明治安田がその受け皿になった。

買収するのは、ベルギーKBCグループ傘下で、ポーランド2位の保険会社ワルタ社。明治安田は約220億円を投じ、発行済み株式の3割を取得する。残りの株式は提携先の独保険会社が買う。

ワルタ社は生命保険、損害保険を手がけている。ポーランドの生保市場は日本の50分の1だが、この5年間で毎年1割ずつ伸びている。明治安田は昨年12月にもポーランドの保険会社を共同買収することで合意しており、今回の買収でさらに同国での事業を広げる。
（朝日新聞朝刊 2012年1月21日）

3) A大学は15日、研究室の部下にパワハラを繰り返したことを理由に、大学院教育学研究科の50代の男性教授を懲戒解雇したと発表した。大学によると、教授は2013年7月～14年10月に、研究室の助教に休日出勤を強要したり、「他の研究機関に応募して、ポストを空けろ」などと、退職を強要するなどの行為を繰り返した。助教は精神的な病気で休んだ後、退職している。教授は「指導の範囲であって、パワハラではない」と話し、懲戒解雇は不当だとして、法的措置も検討しているという。

4）復興に取り組む陸前高田市を応援するマスコット「ゆめちゃん」が誕生した。全国から寄せられた334作品から市内の小中学生らが選んだゆるキャラで、3月の市の行事でお披露目される。

　　ゆめちゃんは希望に満ちた頭の星と、松をかたどった耳が特徴。川崎市の大学生北島茉也さん（21）が市章を元に作画した。

　　市内で活動する支援団体「Aid TAKATA」が「未来を築く子どもたちの応援団長を」と企画。最終選考に残った13作品を小中学校で展示し、子どもたちがお気に入りを選んだ。
　　　　　　　　　　　　　　　　　　　　　　（朝日新聞朝刊2012年1月7日）103

5）高校生とコンビニのコラボ菓子パンを発売

　　コンビニチェーン大手のサークルKサンクスは17日、県立浜松工業高の生徒と共同で商品開発した菓子パン「みろんパン」の販売を県内約340店舗で始めた。コンセプトは、ミカン味のメロンパン。パン生地などに地元特産の「三ケ日みかん」の果汁を練り込み、ミカンジャムとホイップクリームをサンドした。同校手芸調理部の生徒10人が、半年かけて試作を重ねた。4週間の限定販売で、1個126円。
　　　　　　　　　　　　　　　　　　　　　　（朝日新聞朝刊2012年1月18日）104

6）日本政策投資銀行は19日、初めて行った女性起業家による事業コンペで、静岡県のエムスクエア・ラボの加藤百合子社長（38）を大賞に選んだ。同社は情報通信機器を活用して農産物の流通改革に取り組んでおり、同行は最大1千万円の奨励金を出して事業を支援する。
　　　　　　　　　　　　　　　　　　　　　　（朝日新聞朝刊2012年6月20日）105

7）ブラジルなど新興国は、働いた経験がない女性が多い。当初は販売する商品を渡すと、そのまま帰ってこないこともよくあった。顧客から受け取った代金を自分の収入と勘違いし、商品の仕入れ代金が支払えなくなるケースも後を絶たなかった。

　　今では現地のヤクルトレディーは約6千人にまで増えた。現地法人の天野一郎社長は「ブラジルには麻薬組織が仕切って、外部の人は入れない地域も残る。顔パスで入れる地元の女性が届ける仕組みは重要だ」と話す。
　　　　　　　　　　　　　　　　　　　（朝日新聞朝刊2012年11月26日）106

8）座間市はこのほど「座間市民便利帳〜暮らしの情報〜」を電子書籍化した。スマートフォンのiPhone（アイフォーン）や、タブレット端末のiPad（アイパッド）で見られる。「より若い世代に、市に関心を持ってほしい」と企画した。

　　市によると、「広報を電子書籍化した自治体はあるが、市民便利帳は県内で初めて」

という。

　　紙の便利帳と違うのは、いつでも持ち歩け、検索も簡単なこと。冊子の便利帳はA4判で146ページあるが、例えば「内科」を検索すれば、休日・夜間診療のページ、防災のページなどが瞬時に表示される。公共施設の住所をクリックすると、地図の表示もできる。

　　パソコンや、基本ソフトにアンドロイドを使うスマートフォンでも、近く見られるようにするという。

　　市が、大阪市の広告会社サイネックスに依頼して作った。費用は同社が広告収入でまかなうため、市の経費負担はないという。

　　電子書籍を使うには、専用のアプリ「わが街事典」をダウンロードする必要がある。ダウンロード先は市ホームページ（http://www.city.zama.kanagawa.jp/）に掲載されている。
（朝日新聞朝刊 2012年1月17日）**107**

9）ルネサスエレクトロニクスの赤尾泰社長は26日の株主総会で大株主のNEC、日立製作所、三菱電機と取引銀行に支援を要請したことを明らかにし、「支援に応じる意向を示していただいた」と説明した。赤尾社長が公の場で話すのは5月9日の決算発表以来で、支援の大筋合意後は初めて。

　　赤尾社長は「構造改革を加速させる」と述べ、稼ぎ頭のマイコン事業に注力し、生産の海外移転を進める考えを示した。赤字のシステムLSI部門について「収益の低い分野から速いスピードで撤退する」とした。
（朝日新聞朝刊 2012年6月27日）**108**

10）中堅企業が主体の東京証券取引所第2部の値動きを示す株価指数が、16日で23営業日連続の上昇となった。バブル期の1989年7〜8月に記録した連騰日数に23年ぶりに並んだ。超円高など海外の影響を受けやすい1部の大企業と違い、2部はスーパーや外食など内需型企業が多く、外国人投資家のお金も集まっている。過去最長の連騰は75年4〜5月の26営業日。
（朝日新聞朝刊 2012年2月17日）**109**

11）欧州の共通通貨「ユーロ」売りが止まらない。イタリアなど欧州各国の政府が借金をしっかり返せるのかという心配に加え、欧州の銀行の経営不安も日増しに高まっているからだ。

　　10日の東京外国為替市場（異なる通貨を売買する市場）では1ユーロ＝98円台で取引された。9日の海外市場で約11年ぶりのユーロ安となる1ユーロ＝97円28銭をつけた後、ユーロはやや買い戻されたが、歴史的な安値が続く。

ユーロは日本円に対してだけ安いわけではない。9日にドルや英ポンドに対しても約1年4カ月ぶりの安値になっており、際だって売られる「<u>独歩安</u>」だ。

(朝日新聞朝刊 2012年1月11日) 110

　どうでしたか。それぞれの記事で使用されているアンダーラインを引いたことばの意味を理解する方法、手かがりには、いくつかのパターンがあることに気づいたでしょうか。次に、そのパターン別に例1）〜11）を振り返ってみましょう。

1．略した語が出てくる前に、すでにそのもとの形のことばが出ている：例1）、2）

1）わかりやすいタイプで、記事冒頭で略さない形が示され、それが以降の文章中で略して使用されています。この記事では、最初に「軽自動車」が使用されていますが、それ以降は「<u>軽</u>」となっています。

2）同様に、略さない形が先に使用されています。「ポーランドの<u>生保</u>市場」とあるため、ポーランドに注目して探してみると、「ベルギーの銀行グループ傘下の保険会社（本社・ポーランド）」、「ポーランド2位の保険会社ワルタ社」があります。いずれも「保険会社」とあるので、「生保」の「保」は「保険」の「保」だと推測できます。また、「ワルタ社は生命保険、損害保険を手がけている」とあることから、「<u>生保</u>市場」とは、「生命保険市場」だということがわかるでしょう。

2．もとの形のことばがそのまま出ているわけではないが、比較的わかりやすいヒントになる表現がある：例3）、4）

3）この記事では、冒頭の文で「<u>パワハラ</u>」が使われ、文章中にそのもとの形が示されてはいませんが、「教授」が「部下」に行った行為であり、具体的には、助教に「休日出勤を強要したり、『他の研究機関に応募して、ポストを空けろ』などと退職を強要」したりしたことを表していることがわかります。

　このことから、「<u>パワハラ</u>」とは、「パワーハラスメント（パワー：権力、ハラスメント：嫌がらせ）」のことであり、ここでは、教授という立場を利用し権力を振りかざした、部下に対する嫌がらせ行為だということがわかります。

　なお、同様の表現に「セクハラ（セクシャル・ハラスメント：性的嫌がらせ）」、「アカハラ（アカデミック・ハラスメント：教育・研究機関における、権力を利用した嫌がらせ）」、「マタハラ（マタニティー・ハラスメント：妊娠・出産に関する嫌がらせ）」なども見られます。

4）手がかりとなる表現があまり示されておらず、「ゆる」も「キャラ」も出てきません。この記事に出てくる「ゆるキャラ」は前の文の「マスコット『ゆめちゃん』」を指していて、この「ゆめちゃん」は「頭の星と、松をかたどった耳が特徴」と説明があります。

「ゆるキャラ」は「ゆるい（マスコット）キャラクター（character＝登場人物）」の略です。「ゆるい」は、最近、「ゆったりしている、のんびりしている」という意味で使われることが多いので、これを手がかりにすると「ゆるキャラ」は「のんびりしたイメージを持つようなキャラクター」だと推測できるでしょう。

3．直接的なヒントはなく、文章の内容から意味を推測することができる：例5）、6）、7）

5）これは菓子パンに関する記事ですが、この菓子パンについての説明を見ると、高校生とコンビニの「コラボ」で生まれたもので、「コンビニチェーン大手のサークルKサンクス」と「県立浜松工業高の生徒」とが、「共同で商品開発した」ものであることがわかります。このことから、「コラボ」とは、協力して何かをすることだと推測できるでしょう。「コラボ」は「コラボレーション（collaboration）」の略ですが、「コラボ」の形で使われることは珍しくありません。

6）この記事によると、「日本政策投資銀行」が、「事業コンペ」で、「エムスクエア・ラボの加藤百合子社長」を選び、「奨励金を出して事業を支援する」とあります。先ほどの5）の記事より情報が少ないので推測が若干難しいかもしれませんが、優れた事業を選んで奨励金を出す、ということから、「コンペ」が何かを競わせるイベントであることがわかります。「コンペ」は「コンペティション（competition）」の略で、よく使われています。

7）ブラジルにおける「ヤクルトレディー」に関する記事で、「麻薬組織が仕切って、外部の人は入れない地域」にも地元の女性は「顔パス」で入れ、ヤクルトを届けることができる、と述べています。ある地域に入るための「パス」は、入場券や入場許可証を意味するpassだと推測することは難しくないでしょう。とすると、地元の女性なら「顔パス」で入れる、ということから、顔を見せることが入場許可証代わりになって入れる、という意味だとわかるのではないでしょうか。

4．説明や言い換えがなく、「既知」の表現として扱われている：例8）、9）

8）この記事は市の「便利帳」が電子書籍化されたことを伝えるものですが、その電子版

便利帳を使うためには、「専用のアプリ『わが街事典』をダウンロードする必要がある」としています。

「アプリ」は「アプリケーションソフトウェア（application software）」のことで、「アプリケーションソフト」と略されることもあります。もし「アプリ」を知らない場合でも、『わが街事典』は電子版「便利帳」を見るために必要なものであり、「スマートフォンのiPhone（アイフォーン）や、タブレット端末のiPad（アイパッド）」上で動くソフト（software）であることがわかるでしょう。

9) この記事は、ルネサスエレクトロニクスという会社の社長が、大株主の3社と取引銀行から「支援に応じる意向」を得たことを伝えるものですが、この会社の主力である、好調な事業が「マイコン事業」で、一方、「システムLSI部門」が赤字だとしています。

これらの情報だけでは「マイコン」が何なのか全くわかりませんが、なんとか手がかりを探すとしたら、「システムLSI部門」の「システム」と、「マイコン」の「コン」から、コンピュータのシステムに関することなのではないか、という推測ができるかもしれません。「マイコン」は、「マイクロコンピュータ（microcomputer）」の略ですが、すでに市民権を得た日本語になっていると判断されているのか、特に注釈もなく使われることが多いようです。

5．略語ではないが、なじみのない表現が使われている：例10）、11）
＝前述の3と同様、文章の内容から意味を推測することができるパターン

10) 経済・商業の専門用語などの場合、その用語を知らなければどうしようもない、と思うかもしれませんが、必ずしもそうではありません。その用語が使われている文章の内容から、用語の意味を推測できる場合も数多くあります。

この記事には「連騰」が使われていますが、もしこの意味がわからなくても、「株価指数が、16日で23営業日連続の上昇となった」「過去最長の連騰は75年4～5月の26営業日」とあることから、株価が「連続して上昇＝高騰」しているという意味だと推測できるのではないでしょうか。『大辞林　第三版』（三省堂）によると、「連騰」とは「物価・株価などが騰貴を続けること」とあり、推測が正しかったことが確認できます。

11) この記事は、欧州の共通通貨である「ユーロ」が売られ、安値が続いていることを伝えるもので、日本円に対してだけでなく、ドルやポンドなど他の通貨に対しても安値になっていると報じています。「独歩安」の「独歩」は「一人歩き」という意味です

から、記事の内容から、ユーロだけが安くなっていると考えることができるでしょう。『デジタル大辞泉』(小学館) によると、「為替相場で、単独の通貨のレートだけが下がること」とあり、文章の内容から推測していたことが正しかったことがわかります。

このように、新しい語、認知度が低いと思われる用語・表現に関しては、いろいろな形で言い換え、説明されます。このような過程を経て、社会に浸透したと判断されるようになったら、もとの形や説明とともに使用されたり、さらには、特に説明もなく、その用語が使用されるようになります。次の記事を見てください。

ガラケー+スマホ=ガラホ　KDDIが2月発売
　KDDI (au) は19日、従来型の携帯電話「ガラケー」の形のまま、スマートフォンの機能をもつ端末「ガラホ」を2月下旬に売り出すと発表した。見た目や操作性など、ガラケーへの愛着が捨てきれない顧客層に、スマホへの移行を促すねらいがあるという。
　ガラホはシャープ製「アクオスK」。形状こそガラケーではおなじみの折りたたみ式だが、スマホと同じ米グーグルの基本ソフト (OS) 「アンドロイド」を搭載し、高速通信のLTEに対応する。入力はテンキーでおこない、画面を触っても動かない。ネットが使いやすくなる分、ガラケーの料金より高めになる。
(朝日新聞デジタル 2015年1月20日) 111

この記事は、新しく「ガラホ」が販売されることを報じたものですが、「ガラホ」は新しく作られたことばなので、冒頭で、見てすぐわかるように「ガラケー+スマホ=ガラホ」と示し、文中でも、「従来型の携帯電話『ガラケー』の形のまま、スマートフォンの機能をもつ端末『ガラホ』とわかりやすく説明されています。このときには「ガラホ」と、「　」付きで示していますが、次の段落では、早速「　」を外して使用しています。これは、一つの記事の中で、新しいことばをわかりやすく紹介し、早速、既存のことばのように使い始めている例だと言えるでしょう。ちなみに、今はすっかり市民権を得ている「ガラケー」は、「ガラパゴスケータイ (携帯)」、「スマホ」は「スマートフォン」の略です。

日本に住むなどして、日本語に継続的に触れている場合は、その用語・表現が浸透していく過程を体験できるため、略語などなじみのない新しい表現でも自然に理解できるようになりますが、そうでない場合は、そのような理解が難しいかもしれません。このような例に出会ったら、一つずつ覚えていきましょう。

考えてみよう

　先ほど、日本に住むなどして、日本語に継続的に触れている場合は、略語などを自然に理解できるようになると述べましたが、略語だけでなく、新聞や雑誌特有の表現についても同様で、特有の表現、表記の仕方も、日々見ている中で慣れて理解できるようになるものです。ここでは、そのような表現をいくつか見てみましょう。

1．他のことばと複合的に使われたときに、その語の一部を省略する

　オリンパスが4月に引責辞任する高山修一社長の後任人事について、笹宏行・執行役員を内部昇格させる案を軸に調整していることが20日、分かった。会長には、主力行の三井住友銀行出身者を招く案が有力になっており、週内にも正式に決める見通し。

(朝日新聞朝刊 2012年2月21日) 112

➡ここでは、「会長には、主力行の三井住友銀行出身者を招く」とあることから、「主力行」は「三井住友銀行」であるとわかります。したがって、「主力行」は「主力銀行」で、「銀行」が「行」と略されていることがわかります。
　「主力」に続く同様の例には、「主力」＋「飛行機」＝「主力機」、「主力」＋「自動車」＝「主力車」などがあります。

2．〜畑

　プラント工事の失敗などで2007年3月期に大幅赤字に転落したIHIは、07年4月に社長に就いた財務畑の釜氏の下で収益改善を進めてきた。収益基盤の強化に一定の道筋がついたとみて、技術系の斎藤氏にトップを譲る。

(朝日新聞朝刊 2012年2月21日) 113

➡「畑」と言えば、野菜や穀物を作る農耕地のことですが、この記事にある「財務畑」の「畑」が農耕地ではないことは明らかです。「社長に就いた財務畑の釜氏の下で収益改善を進めてきた」とあることから、収益改善に強い力を発揮した、財務に強かった、ということがわかり、「財務畑」とは、「財務関係の仕事・分野を専門にしていた」という意味で、「畑」は、「専門分野・専門とする領域」だと理解することができるでしょう。
　このような意味で「畑違い」ということばもよく使われます。これは、p.2の文章中にあったように、「職種が違うこと、専門分野が違うこと」という意味です。

3．～筋

　北朝鮮からシリアに向かっていた船舶から2009年11月、化学防護服1万4千着と化学兵器に使われる化学物質を検出できる試薬が見つかり、寄港先のギリシャ政府が押収していたことが分かった。防護服や試薬は化学兵器の開発・実験に使用できるとみられる。
　国連外交筋が明らかにした。ギリシャは北朝鮮によるすべての武器輸出を禁じた国連制裁決議に違反すると判断。11年9月、国連安全保障理事会の北朝鮮制裁委員会に報告した。一部理事国からは「北朝鮮とシリアが軍事協力を緊密化させている証拠」として、国連としての調査を急ぐべきだとの声も出ている。

(朝日新聞夕刊 2012年1月5日) **114**

➡「筋」も多くの意味を持つ語ですが、ここではどのような意味で使われていると思いますか。この記事では、ギリシャが、北朝鮮の動きを国連に報告したことが述べられており、「国連外交筋」は「国連の外交問題の関係者」のことだろうと推測することができます。このように、新聞はもちろん、テレビ・ラジオのニュースなどの報道では、「そのことに関係のある方面、関係者」の意味として「～筋」が非常に多く用いられています。次はその例です。

　「当時を知る中国筋によると…」「北朝鮮関係筋は～と話す」「韓国政府筋は…と語る」「6者協議筋によると…」「国際投機筋が狙っているのは…」

4．各国名の漢字表記

　2度の世界大戦で欧州は戦場になった。惨禍を繰り返すまい、という理念の下につくられた欧州連合（EU）に、今年のノーベル平和賞が贈られる。「ヨーロッパを戦争の大陸から平和の大陸に変えた」というのが授賞の理由という。争いを繰り返した仏と独が協調してEUを引っ張る。その図を奇跡と評する声もあると聞く。9年前のこと、イラクとの開戦にはやる米国が、反対する仏独を「古くさい欧州」と非難した。それを逆手に取り、仏外相は国連で「戦争と占領と蛮行を経験した古い国から」と意見を述べて異例の拍手を浴びた。演説に込めた思いはEUの原点でもあったろう。

(朝日新聞朝刊 2012年10月14日) **115**

➡これは欧州連合（EU）にノーベル平和賞が贈られることを伝える記事で、ヨーロッパで争いを繰り返したが、今は協調してEUを引っ張るという内容から、「仏」と「独」がフランスとドイツを指すことは想像できるでしょう。また、「イラクとの開戦にはやる」から「米国」がアメリカ合衆国だとわかるはずです。「仏」「独」同様、「対米輸出」のように「米」のみでも使用されます。

このように、新聞記事などでは、外国を漢字表記することがあります。次の表内の漢字はどの国（地域）のことか考えて（調べて）、書いてください。

仏	フランス	露		朝	
独	ドイツ	伊		韓	
米	アメリカ	蘭		越	
加		中		馬	
英		台		比	

5．学歴を略した表記

　新社長に高橋功氏、さくら建設：高橋功氏（たかはし・いさお）近大工卒、85年さくら建設に入社、執行役員などを経て10年4月から常務。48歳。小林広社長は取締役相談役に。4月1日付。

➡新聞には企業の人事に関する情報も掲載されます。非常に短い文で簡潔にまとめられていて、略した表記が多用されているのが特徴です。例には、「近大工卒」とありますが、何を意味するかわかりますか。「〜卒」とあることから、卒業した大学名が書いてあるのではないかと推測することができると思います。とすると「〜大」は、大学の略だとわかります。この例の場合、「近大工卒」は「近畿大学工学部卒業」の略で、大学名と学部名が略されています。同様の例を下記にいくつか挙げてみました。何大学の何学部卒業なのか、考えてみてください。

「東大文卒」「京大法卒」「早大商卒」「慶大医卒」

6．主に略した表記が使用されるカタカナ語

　奥州市水沢区の国立天文台水沢VLBI（超長基線電波干渉計）観測所に来年度、スーパーコンピューター（スパコン）が導入される。文部科学省によると、スパコンの設置は県内初。関係者は震災の被災地の復興を後押しする役割を担えればと期待する。

　国立天文台は現在、東京都三鷹市の本部に、1秒間の計算速度が27兆回と1600億回のスパコンを設置。宇宙の進化や構造、星の誕生から最後までの様子などのシミュレーションに使っている。天文学で使うスパコンとしては世界最速の能力という。

　これらのスパコンに代わって1秒間の計算速度が1千兆回を超えるスパコンを導入するにあたり、設置場所を奥州市に移す。

（朝日新聞朝刊2012年6月13日）

➡日本語には多くのカタカナ語があり、新聞記事には略された形で使用されているカタカナ語も多く見られます。上の例では、スーパーコンピューター（スパコン）と、最初に意味するものを明記していますが、前項の「読んでみよう」で見たように、もとの語が示されることなく、略したカタカナ語が使用されている例もあります。「読んでみよう」で練習したように、記事の内容から略語の意味を推測する力も非常に大事ですが、略した形で使われることが多いカタカナ語を知っていると、立ち止まることなく読み進めることができ、記事の内容理解に集中することができるでしょう。以下にいくつか例をリストアップしてみました。もとの形は何だと思いますか。考えて（調べて）、書いてください。

ベア	ベースアップ（base up）	デフレ	
インフラ		ナビ	
インフレ		プロ	
エコ		ラボ	
省エネ		リストラ	
コスメ		一眼レフ	
ゼネコン		ロゴ	
デパ地下		ワーホリ	

この課のまとめ

　この課では、新聞記事などでよく見られる略語を中心に、一見、意味がわかりにくい語彙・表現を取り上げました。意味がわかりにくくなっている理由を探りながら、文章中のどのような点に注目すればそのような語彙・表現の意味を推測することができるのか、具体例の中で見ながら、練習をしました。

　この課で取り上げたもの以外にも、まだこのような語彙・表現は多くあります。以下のリストは、この課で扱った記事に出てきた漢字語、カタカナ語別に50音順に並べたものです。今後、新聞や雑誌の記事の中で新しい語彙・表現に出会ったら、リストに書き加えていきましょう。

1. 漢字語

語彙・表現	よみ	意味
軽	けい	
経団連	けいだんれん	
主力～　　（主力行など）	しゅりょく～	
春闘	しゅんとう	
～筋　　（外交筋など）	～すじ	
生保	せいほ	
定昇	ていしょう	
独歩安	どっぽやす	
～畑　　（財務畑など）	～ばたけ	
米国	べいこく	
連騰	れんとう	
労組	ろうそ	

２．カタカナ語

語彙・表現	よみ	意味
アカハラ	アカハラ	
アプリ	アプリ	
顔パス	かおパス	
ガラケー	ガラケー	
コラボ	コラボ	
コンペ	コンペ	
スパコン	スパコン	
スマホ	スマホ	
セクハラ	セクハラ	
パワハラ	パワハラ	
ペア	ペア	
マイコン	マイコン	
マタハラ	マタハラ	
ゆるキャラ	ゆるキャラ	

▶ 読解問題5

次の文章を読んで、後の問いに答えてください。

　ダイエー社長就任から4カ月あまりたった2005年10月半ば。樋口泰行（55）は神奈川県横須賀市のショッピングセンターで、記者会見に臨んでいた。「ユニクロ」を展開するファーストリテイリングの子ども衣料の専門店がオープンし、同席した柳井正ファストリ会長兼社長（63）は、終始にこやかだった。

　柳井とは前職の日本ヒューレット・パッカード（HP）社長時代からの付き合いだが、①気脈を通じるようになったのは不振なダイエーの衣料品売り場に代え、ユニクロを誘致するようになってから。のちに1号店を開くことになる「ジーユー」も、こうした信頼関係の延長線上で実現した。「どんな環境であれ、何事にも正面から立ち向かっていく真摯さ。サラリーマン社長の鑑」。②柳井の樋口評は手放しに近く、この日も、「少しでも助けになれば」と、自らの発案でダイエーのコーポレートカラーであるオレンジ色のカシミヤセーターを着たほどだ。

　ダイエーの再建が動き出したのは、その年の3月。産業再生機構のもとで、民間スポンサーに投資ファンドのアドバンテッジパートナーズ、丸紅の2社が選ばれ、会長に現横浜市長の林文子（66）が就くことが早くから決まっていた。③車の両輪となって再建を先導する社長の人選はやや遅れ、実務にたけた人材として白羽の矢がたったのが、樋口だった。

　一度は断った。全く④畑違いのうえ、米HPと旧コンパックコンピュータの合併で誕生した日本HPの社長になってまだ2年。吸収されたコンパックの出身ながら、リストラに次ぐリストラを繰り返した同社の組織融合と再浮上をめざし、日々格闘してきた。ともに熱く闘った仲間を「裏切ることはできない」と思った。

　だが、ダイエーの再建は、喫緊の課題だった。バブル崩壊後、日本経済の重しになってきた過剰債務を抱えた企業の象徴。メーンバンクの手に負えなくなった事業再生を、小泉政権が立ち上げた「官製ファンド」の⑤機構が担うことになったものの、「民業圧迫」との批判がついて回った。経営陣の人事での迷走は許されなかった。樋口に断るという選択肢は、なかった。最後は、周囲の説得に屈したというより、「今考えると、えらいオーバーだが、『この国のため』という気持ちが呼び覚まされた」。不思議な縁もあった。ダイエー発祥の神戸に、創業の年に生まれたのが樋口でもあった。　（朝日新聞朝刊 2012年12月1日）

1．下線部①「気脈を通じる」というのは、ここではどのような意味だと思いますか。

2．下線部②「柳井の樋口評は手放しに近く」とは、どのような意味ですか。その直前にある樋口氏に対する柳井氏のコメントを参考に答えてください。

3．下線部③「車の両輪」とは、ここでは何のことですか。

4．下線部④「畑違い」とありますが、ここでいう「畑」とは何を表していますか。

5．下線部⑤「機構」とは何のことを指していますか。文章中から6文字で抜き出してください。

今後の学習に向けて

この課ではこれまでの学習を振り返り、今後学習を進めていく上で気をつけてほしい点について述べることにします。まず、次の文章を読んでみてください。

以前、大井川鉄道に乗りに行ったときのこと。黄色い帽子の小学生たちが駆けこんできた、と思ったら車内の座席と座席の間の通路で縄跳びを始め、❶歓声を上げた。周囲の乗客も、笑顔でそれをⒶ眺めている。ふと、まだ乳児だった息子を連れて、大学に出講していたころの光景がⒷ思い出された。

方々の一時保育所を利用し、夫ともども❷綱渡りのように仕事をⒸ続けていた。電車の中で子どもがぐずるたびに、❸周囲の視線がⒹ痛かった。いや、今でも子連れの公共交通機関利用は❹肩身が狭い。都心では、電車は通勤客が主流。日中のバスは、高齢者が多数派である。

妊娠中は、優先席に座っていた際に何度か高齢者に怒られた。目の前の優先席が空いたとき、座ろうと必死で横から入ってきたご高齢の女性から、腹部に❺肘鉄をもらい、Ⓔ出血したこともある。幸い大事には至らなかったが、今でも必死に手を伸ばす女性の虚ろな目がⒻ忘れられない。ⓐ都市部では、移動がもはや「生存競争」なのである。

このぎすぎすした世相を反映してか、このところ、公共交通機関を利用するベビーカーへの視線がⒼ厳しい。大手私鉄などでも折り畳まずに乗車できるようになったのは、1999年のこと。背景には、バリアフリー化推進や子育てを社会で応援しようとの配慮がある。

だが、このような「理念」に反し、通勤客の「感情」は厳しい。「場所を取る」「危険」、そして最終的には最近の母親の「マナー違反」批判へとⒽ収斂する。根底には、通勤時間帯が集中せざるを得ない硬直した雇用環境や、改善困難な交通事情などの問題が横たわっている。待機児童と同様、都市の問題でもある。

交通弱者の中でもベビーカー使用者が批判されがちなのは、ⓑ子育て中の親は「弱者と認定されない弱者」だという事実による。一般に子どものいる世帯は、「恵まれた多数派」と考えられる。そこには、男性片働きで専業主婦が子どもを育てる家族形態を「標準」とみなす感覚も含まれる。だが現実には、すでに共働き世帯が専業主婦のいる世帯を（　ア　）回る。晩婚化のため、第一子と二子三子の年齢差も縮んできている。幼い上の子を連れて、妊婦健診に通わねばならない女性も多い。

現在の日本では、子育て世帯数が単身世帯数を（　イ　）回り、事実上少数派だ。❻追い打ちをかけるような「ベビーカー論争」は、この国が実質的に「子ども排除」を志向していることの証左ではないのか。ⓒそこには、「利用者のマナー」だけでは解決できない問題が山積している。

（2012年10月23日朝日新聞夕刊）119

ポイント1　慣用表現に注意しよう

　最初のポイントは慣用表現に注意することです。これは、5課までやってきたことですが、この文章にも❶〜❻のような慣用表現が使われています。これまでと同様、これらの慣用表現の正確な意味がわかっていなければ文章が読めないということはありません。大切なことは、文章全体の論理の流れやその表現に含まれる語の意味や漢字表記など、さまざまな要素からその表現の「おおよその意味」を「類推する」ことです。

　❶〜❻の（類推した）意味を書いてみましょう。

❶歓声を上げる　　　：
❷綱渡りのように　　：
❸周囲の視線が痛い　：
❹肩身が狭い　　　　：
❺肘鉄をもらう　　　：
❻追い打ちをかける　：

ポイント2　時間を表す表現に注意しよう

　ある程度の長文を読む際に重要になるのが時間の関係を正確に理解することです。この文章の⒜〜⒣の時間の関係は次のようになります。

　まず、⒜は回想で筆者は大井川鉄道に行ったときのことを思いだしています。この例のように、書きことばでは、過去のことを表すのに、「〜している」のような「〜（してい）た」（過去）ではない形が使われることがあります。

　ここで、「ふと」ということばと⒝「思い出された」という過去の形によって、時間が筆者の別の経験の時間・場所に移ります。⒞の「（仕事を）続けていた」は、筆者の子育て時代のこと全体を表しており、1回だけのことではありません。⒟の「（視線が）痛かった」も1回だけのことではなく、その当時いつもそうした視線を感じていたということを表しています。「〜こともある」は過去における経験を表しますが、⒠の「出血したこともある」は筆者の子育て時代の経験を語っています。⒡で「（虚ろな目が）忘れられない」という現在の形が使われているのは、過去の記憶が今も残っていることを表すためです。

　次に、⒢で「（視線が）厳しい」という現在の形が使われていることから、議論がこの文章を書いているとき（＝現在）に移ることがわかります。⒣も同様に、現在の一般的な考え方を述べるために「収斂する」という現在の形が使われています。

このように、文末で表される時間を表す表現の形の違いや、□で囲んだ時間を表す副詞（表現）に注意しながら文章を読んでいくと、文章の論理展開がわかりやすくなります。

ポイント３　「　」のついたことばに注意しよう

「　」は誰かのことばを引用するときに使うのが原則で、単語に「　」が使われるときは、何らかの特別な意味が込められているのが普通です。

本文の中で「　」がつけられているものとして、「マナー違反」「恵まれた多数派」「ベビーカー論争」などがあります。これらにはなぜ「　」がつけられているのでしょうか。

まず、「マナー違反」について考えてみると、「ベビーカーを通勤電車に持ち込むこと」が「マナー違反」だとされているわけです。確かに、「ベビーカー」は「場所をとる」（本文ではこの語にも「　」がついていますね）ので、一見すると、ベビーカーを通勤電車に持ち込むことは「マナー違反」のように思われます。

次に、「恵まれた多数派」ですが、「子どものいる世帯は『恵まれた多数派』と考えられる」という本文の記述もまた、一見すると、「常識」に合っているように思われます。

しかし、この２つの場合について、それぞれに後続する部分を見てみると、「マナー違反」の場合は、「根底には、通勤時間帯が集中せざるを得ない硬直した雇用環境や、改善困難な交通事情などの問題が横たわっている。」と続きます。つまり、筆者は、「なぜベビーカーを通勤電車に持ち込まなければならないのか」を考えるべきだと主張しているのです。そして、それは、現代の「都市の問題」だと述べているわけです。

一方、「恵まれた多数派」についても、後続部分で、「子育て世帯数」は、「事実上少数派だ。」とあるように、筆者は、実際は、「多数派」ではないと主張しているのです。

この２点から、これらに「　」がついているのは、「一見したところ（常識）」と「現実」が食い違っていることを述べる（強調する）ためであることがわかります。

この点を踏まえて、「理念」と「感情」について考えてみましょう。そうすると、ここでこの両語に「　」がついているのも、何らかの意味で「常識」と「現実」が食い違っていることに原因があるのではないかという類推ができます。

では、その「食い違い」というのは何でしょうか。まず、「理念」ですが、これは、「バリアフリー化推進や子育てを社会で応援しようとの配慮」ということで、通常は（＝常識的には）、だれからも文句が出ないことのはずです。しかし、実際には、「ベビーカーを通勤電車に持ち込むこと」は「マナー違反」だと批判されるわけです。この批判は、通勤客の「感情」です。つまり、「理念」としては賛成できることであっても、「感情」的には受け入れられない（「理念」と「感情」が食い違っている）ということがあるのです。そして、

筆者はそのことを、「この国が実質的に『子ども排除』を志向していることの証左」だと考えているのです。

ポイント４　　筆者の価値観を表す表現に注意しよう

　ポイント３の「　」がついた語の中にも筆者の価値観を表すものがありますが、それ以外にも 網掛け をした語や表現は筆者の価値観を表していると考えられます。例えば、「綱渡りのように」「周囲の視線が痛かった」「肩身が狭い」「視線が厳しい」などは全て、現代の子連れの親が交通機関の中で、他の乗客に対して負い目を感じている（＝迷惑をかけているという気持ちを抱いている）ということを表しています。

　いかがでしたか。ここで挙げたようなポイントに気をつけてこれからも学習を続けていってください。最後に、ここでのポイントの確認をかねて、次の問題を考えてください。

1．下線部ⓐの内容の例と考えられることがらを本文から抜き出してください。

2．下線部ⓑについて。子育て中の親が「弱者と認定されない弱者」であるというのはどういうことですか。本文の内容にそくして簡単に説明してください。

3．ア、イに入れるのに最も適切な漢字１字を書いてください。

　　ア：＿＿＿＿＿＿　　イ：＿＿＿＿＿＿

4．下線部ⓒはどういうことですか。本文の内容にそくして簡単に説明してください。

総合練習

総合練習

問題1

　ホテルのバーと言えば、ウイスキーや色鮮やかなカクテルで心地よく酔いを楽しむ場所……（ア　　　　　）。近年のノンアルコール飲料の市場拡大に伴い、ノンアルコールカクテルの存在感が増しているんです。

　それまで①肩身が狭そうにソフトドリンクを飲んでいた客に初めてノンアルコールカクテルを提案した時のことを、東京・西新宿の京王プラザホテルのバーテンダー渡辺一也さん（51）は鮮明に覚えている。「おしゃれなグラスできれいな色合いの飲み物をお出しした瞬間、その方が一気にテーブルの主役になった。②手応えを感じました」。渡辺さんは日本ホテルバーメンズ協会会長で、現代の名工でもある。

　③「ソフトドリンクとは目的の違いがあると思う」と話す。「疲れているなら効果を求めるし、のどが渇いているなら清涼飲料水でいい。カクテルは相手との会話を楽しむ時に添えられているもの」。創作の意図やストーリーといった背景を楽しみながら味わうのもカクテルの魅力だ。「（イ　　　　　　　　　）でも同じように楽しめます」。注文するのは若い女性が多いという。

　今春、45階にあるオーロララウンジで45種類のノンアルコールカクテルを別冊メニュー化した。渡辺さんは「バー全体でみると数％かもしれませんが、10年前はゼロだったその存在が、バーの一つのアイテムとして確立されたと感じています」。

（朝日新聞夕刊 2012年8月31日）

1．アに入れるのに最も適当な「ひらがな4文字の接続詞」を書いてください。

　|　|　|　|　|

2．なぜ、この客は、下線部①「肩身が狭そうに」していたのですか。

3．下線部②「手応えを感じました」とは、ここでは具体的にどういう意味ですか。

4．下線部③はどういう意味ですか。本文にそくして簡単に説明してください。

5．イに入れるのに最も適当なことばを本文から抜き出して答えてください。

問題2

　1962年8月30日朝、国産旅客機YS-11（いちいち）の1号機が名古屋の飛行場を滑走した。テレビで実況中継される中、日本の技術力と未来を乗せて少し重たげに飛び立った。

　当時中学生の白井健次（しらいけんじ）(64)はわくわくしてテレビを見つめた。零戦（ゼロ）の緩やかな曲線が好きで、授業そっちのけでノートに描いた少年はこの時、YSとの宿命をたぐり寄せていたのかもしれない。

　武蔵工業大学でエンジンを学んで就職を迎えるころ、YSを造る国策会社の日本航空機製造はどうにもならない赤字に苦しんでいた。新入社員を募集していると知って白井は思った。①ほかの学生が二の足を踏むこんな時でなければ、自分は入れないだろう。YSにかかわるチャンスだ。

　思いは通じ、白井は71年に入社する。最初の研修で、あのYS1号機に新入社員を乗せてくれた。ただし、待っていたのは急上昇、急降下、片エンジン飛行……。強烈な体験が続き、感激にひたる＜　A　＞はなかった。

　入社1年ほどで技術部に入った。上司に松岡陽一（まつおかよういち）(73)がいた。東京大学の航空科を出て入社した松岡はYSの試作機の胴体を大きなプールに入れて水圧をかけ、翼をジャッキで上下させてその強度を試していた。コンマ何ミリという亀裂を②血眼になって探す＜　B　＞のいる仕事だった。

　白井はYSの車輪を支える主脚の耐久試験を担当した。徹夜の仕事も当たり前の時代だった。描いた図面で設計変更の注文を出し、YSを造っている＜　C　＞が湧いた。

　だが、③夢舞台は2年で終わりを告げる。YSは73年、通算182機で製造が打ち切られた。飛行機を造っていたいが、仕方がない。白井は松岡とともにトヨタに移った。松岡が声をかけてくれたと白井は言うが、松岡はよく覚えていない。

　新しいアイデアを思いつくと、まず松岡に相談に行く。そんな関係がトヨタでも続いた。白井は車体を軽くしながら強度を保つ試験を担当した。その後、ブレーキ開発に20年あ

総合練習　111

まり携わった。いろんな分野で、先行した飛行機の技術が自動車に応用されていた。ブレーキもそうだった。

　世紀が変わるころ、白井はレジャー用のRVに載せる自転車開発を、社内起業として提案した。事業は失敗に終わったが、技術者人生の最後に、超軽量の電動補助付き折りたたみ自転車の開発で④打って出ようと思った。「乗り物の基本は自転車。ライト兄弟だって自転車屋さんだった」

　2005年、58歳でバイク技術研究所を立ち上げた。飛行機から自動車、そして自転車へ。人の運命は（ア　　　　）と思う半面、白井にはその流れが一本の線でつながっているようにも思えた。いずれも車輪を支える構造にかかわり、軽くしつつ強さを保つという＜D　　　＞を突きつけられた。

　白井は日本航空機製造からYSの整備用のトレーニングガイドをもらっていて、考えをまとめるときに眺めてきた。その中に、YSのエンジンを支える独特のパイプ構造の絵がある。なるほど飛行機も自転車も、軽くて丈夫なパイプ構造は同じだと思いながら、自転車の形を決めていった。

　会社を立ち上げた翌年、YS-11が国内の民間定期航路から引退した。旅客を運ぶYSの雄姿が日本の空から消える時、自分の原点でもあるその名を、開発する自転車につけてとどめたいと白井は思った。松岡に相談にいくと「いいんじゃないか」と言ってくれた。

　YS-11の引退と入れ替わりに⑤白井のYS-11は誕生した。自慢の電動補助付き折りたたみ自転車には小さなプレートがついている。YSの文字とともに、消えていった国産旅客機の絵が小さく描かれている。

(朝日新聞夕刊 2012年5月17日)

1．下線部①「ほかの学生が二の足を踏む」とありますが、ほかの学生はどのような態度をとっていましたか。

2．下線部②「血眼になって」はどのような状態を表していますか。

3．下線部③「夢舞台」はここでは具体的にどのようなことですか。

4．下線部④「打って出る」とはどういうことですか。

5．アに入れるのに最もふさわしいひらがな3文字を□に書いてください。

□□□ない

6．下線部⑤「白井のYS-11」が指すものを本文の中から抜き出してください。

7．A〜Dに入れるのに最もふさわしい語をi〜ivから選んで数字を書いてください。
　i. 課題　　　ii. 根気　　　iii. 実感　　　iv. 余裕

問題3

　ブレトンウッズを、一度訪ねたことがある。米東部ニューハンプシャー州。高原の緑の中を小川が縫い、白壁の美しいホテルが立っていた。
　1944年7月、連合国44カ国の代表は、このマウントワシントンホテルに集まった。金とドルを一定の比率で交換することや、国際通貨基金（IMF）の創設など戦後の通貨体制が固まった。
　協定が調印された「ゴールドルーム」は、暖炉と円形のテーブルがある、こぢんまりした部屋だった。
　それから27年後の1971年、ニクソン大統領は、金とドルの交換の停止を宣言した。
　金という物質に通貨の価値を結びつける制度は、それ以降、出現していない。通貨と通貨の交換比率である為替レートも、自由に動くようになった。
　①ニクソンショックから40年。国境を超えた人やモノの流れは活発になり、世界全体としては経済成長を遂げてきた。
　それでも、通貨の価値が不安定さを増すとき、関係が断ち切られたはずの金に人々の注目が集まる。なぜだろう。
　「信用」というあやふやなものを考えてみる。
　日本の1万円札の原価はいくらなのか。政府に尋ねると、紙代・印刷代などで17円だ

という。

　でも、私たちは、1万円は1万円の価値があると思われる食料品や電化製品などのモノに代えることができる。

　②9983円分は、虚構ともいえるが、それこそが信用でもある。紙幣は、みんなが信用しているから通貨として成り立ち、流通している。

　その信用は、政府や中央銀行がしっかりしなければ、容易に崩れ去る。

　政府が国債を発行して借金を重ねる。借金を中央銀行が引き受けて、紙幣をどんどん刷り、極端なインフレになるという事態は、何度も繰り返されてきた。

　第1次大戦後のドイツで起きたハイパーインフレは、よく知られている。日本も、戦費などにより政府の借金がふくれあがり、終戦直後、極端なインフレや預金封鎖を経験した。最近でもアフリカのジンバブエで、インフレ率が年2億％を超えたケースがある。

　日銀の貨幣博物館を巡るのは興味深い。古くは稲や砂金が通貨として使われたことがわかる。金と銀が貨幣として両立した時代もあった。日本で初めての紙幣ができたのは1600年ごろで、中国に次いで古く、世界でも「先進国」だった。

　その紙幣も発行者への信用がなくなると使われなくなった。金貨にしても、借金にあえぐ為政者は、金の純度を落とすという手段に出た。ときにそれは、社会の混乱を招いてきた。

　通貨価値を、「純度の高い金」という生産量が限られるモノに縛り付ける。

　非合理だと断じることは易しい。だが、縛ることは、規律を保つことにつながる。人間は目先の楽を求め破綻を招きがちだと自覚するからこそ、「金本位」への注目は生まれる。

　金の価格は、過去10年あまり、高騰してきた。特に2008年の「リーマンショック」後の値上がりが激しいのは、ユーロやドルなどの主要通貨の信用が落ちたことと関係している。（中略）

　2000年のブレトンウッズの会議には、元財務官の行天豊雄もいた。

　行天は、かねて、マネーの動きが実態経済を振り回すような世界の構造を危ういとみていた。だからこそ、安定した「金本位制」に回帰する議論は、いつの時代も起きるという。

　実際に金本位制に戻れるわけではない。膨れあがった世界のマネーを全て金で裏付けようとしたら、金の価格はとんでもなく高くなる。経済成長にともなって必要とされる通貨の供給も、柔軟にできなくなる。

　③「子供は大きくなりすぎて、服があわなくなってしまった。たとえ懐かしくても、いまさらその服は着られない」と行天は言う。

　強引に金本位制に戻ろうとすると、世界中が大変な不況に陥り、失業に苦しむ人々が激増する可能性が高い。かといって、今の不安定すぎる世界経済も問題である。

マネーの暴走をコントロールする試みは、今後も続くだろう。バブルをふせぐために金融業を規制する。為替変動に一定の枠をはめる。国際間の資本取引に税をかける——。どれも、④予想される副作用と天秤にかけながらの作業である。
　ある中央銀行の首脳から聞いた言葉を覚えている。⑤「金の値段は、人智を信じるかどうかで変わる」
　人間が作ってきた政府・中央銀行、地域の共通通貨といった制度のきしみは深刻になりつつある。ただ最後には人間の知恵が勝り、課題を克服できるとの安心や信用が広がれば、金価格は落ち着くだろう。逆に、世界が混乱するという悲観論が高まれば、金価格はさらに上昇していくだろう。
　「信用」とは、大事だが壊れやすいもの。世界の「信用度」の上がり下がりを逆さまに映し出し、時に警告を発してくれるのが「金」なのではないか。

（朝日新聞朝刊 2012年3月18日）

1．下線部①「ニクソンショック」とはどういうものですか。本文の内容にそって簡単に説明してください。

2．下線部②について、「9983円分」が「虚構」であると同時に「信用」でもあるというのはどういうことかを本文の内容にそって簡単に説明してください。

3．下線部③の内容を、「服」が何を指すのかを明らかにしながら、本文の内容にそって簡単に説明してください。

4．下線部④について、ここでは何と何を「天秤にかける」と言っているのかを簡単に説明してください。また、「予想される副作用」の例を本文から1つ抜き出してください。

5．下線部⑤の内容を、本文の記述にそって簡単に説明してください。

資料

- 野球のルールと名称
- 相撲のルールと名称
- 日本の教育システムについて
- 年表

野球のルールと名称

　野球は9人が1つのチームになり、2つのチームが対戦する球技です。

　攻撃と守備に分かれ、守備側のピッチャー（投手）がボールを投げ、攻撃側のバッター（打者）がそれを打ち、それがヒット（安打）などになれば、1塁、2塁、3塁の順に進み、ホーム（本塁）に戻ってくれば、得点となります。

　1つのチームには、攻撃の機会が9回あり、最後に得点の多い方が勝ちとなります。

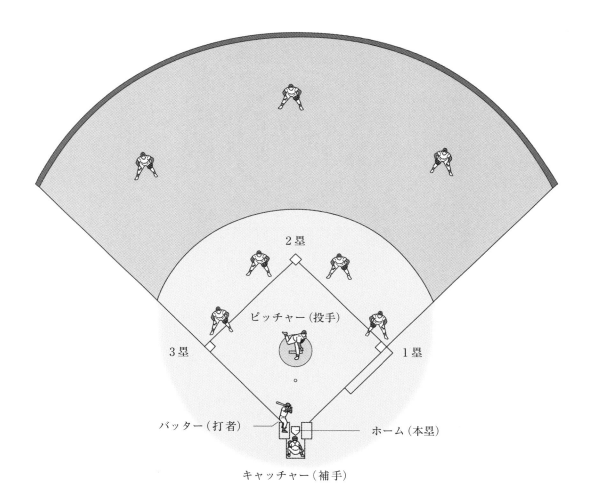

相撲のルールと名称

　相撲を行う競技場は、土を盛って作った「土俵」と呼ばれるものです。土俵には西と東から1人ずつ力士が上がり取組を行います。勝敗は「行司」と呼ばれる審判が判断します。行司が勝敗を示すために使う道具を「軍配」といいます。2人の力士が競い、どちらかが相手を土俵の外に出すか、相手の体の一部（足の裏を除く）を土に触れさせれば勝ちとなります。

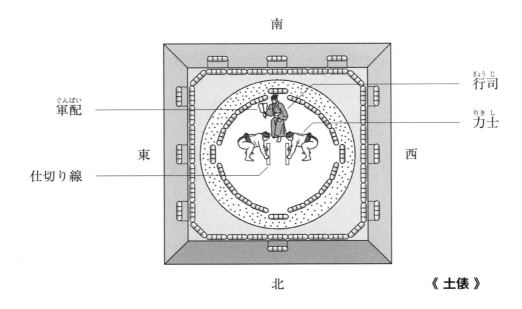

《 土俵 》

　力士は実力に応じて順位づけされます。その順位表を「番付」といいます。最上位は「横綱」で、主な順位と名称は次のとおりです。

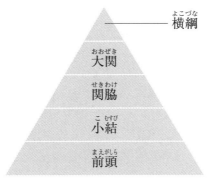

以下、十両・幕下…

日本の教育システムについて

それぞれ、国立、公立および私立があります。

幼稚園は２年制のところもあります。

６歳までは家庭の状況に合わせて、家庭保育／幼稚園／保育園のいずれかを選択します。

小学校と中学校は義務教育で、国立、公立は無償です。

中学校と高等学校の教育を一貫して行う「中高一貫校」も少しずつ増えてきていますが、最近では、「小中一貫校」を作ろうとする動きもあります。

中学校卒業者には、「高等専門学校」や「専修学校」に進学するという選択肢もあります。「高等専門学校」は、５年一貫教育で、実践的・創造的技術者を養成する高等教育機関で、技術者に必要な豊かな教養と体系的な専門知識を身につけることを目的としています。また、「専修学校」は、職業や実際生活に必要な能力を育成し、教養の向上を図ることを目的とした教育機関で、１年から４年のいろいろなコースがあります。

大学には四年制大学と短期大学（主に２年間）があり、大学卒業後には、さらに学術の理論及び応用を深く研究するための大学院があります。

年齢	0	1	2	3	4	5	6	7	8	9	10	11	12	13	14	15	16	17	18	19	20	21	22
機関	保育園				幼稚園			小学校						中学校			高等学校			大学			

年表

	日本の首相	アメリカ大統領	重要事項
1945	45 東久邇宮稔彦〔皇族〕 45 幣原喜重郎〔無所属〕 46 吉田茂〈日自〉 47 片山哲〈社会〉 48 芦田均〈民主〉 48 吉田茂〈民自→自由〉	45 トルーマン〈民主〉 （ルーズベルト死去による）	45 日本がポツダム宣言を受諾し、無条件降伏する 47 日本国憲法が施行される 48 大韓民国（韓国）、朝鮮民主主義人民共和国（北朝鮮）が建国される 49 中華人民共和国（中国）、ドイツ連邦共和国（西ドイツ）、ドイツ民主共和国（東ドイツ）が建国される 冷戦が始まる、湯川秀樹がノーベル物理学賞を受賞する（日本人初）
1950	54 鳩山一郎〈日民→自民〉 56 石橋湛山 57 岸信介	53 アイゼンハワー〈共和〉	50 朝鮮戦争が始まる（〜1953年休戦） 51 サンフランシスコ平和条約に調印する（→日本の再独立）、日米安全保障条約が締結される 55 神武景気が始まる（高度経済成長の始まり）、日本社会党の左右両派が合流する、自由民主党が誕生する（55年体制の始まり） 56 経済白書で「もはや戦後ではない」の表現が使われる
1960	60 池田勇人 64 佐藤栄作	61 ケネディ〈民主〉 63 ジョンソン〈民主〉 （ケネディ暗殺による） 69 ニクソン〈共和〉	60 60年安保闘争が起こる、所得倍増計画が発表される 63 ケネディ大統領が暗殺される 64 東京オリンピックが開かれる、東海道新幹線が開業する 65 ベトナム戦争が始まる（〜1975年） 68 日本の国民総生産（GNP）が資本主義国第2位になる
1970	72 田中角栄 74 三木武夫 76 福田赳夫 78 大平正芳	74 フォード〈共和〉 （ニクソン辞任による） 77 カーター〈民主〉	70 70年安保闘争が起こる、大阪万博が開かれる 71 ニクソンがドルと金の兌換（交換）の停止を発表する（→変動相場制へ） 72 ニクソンが中国を訪問する（→2つのニクソンショック）、沖縄が日本に返還される、日中共同声明が出される 73 第4次中東戦争、第1次石油ショックが起こる 76 ロッキード事件で田中角栄元首相が逮捕される 79 イラン革命、第2次石油ショックが起こる、ソ連がアフガニスタンに侵攻する、サッチャーが英首相に就任する

	日本の首相	アメリカ大統領	重要事項
1980	80 鈴木善幸	81 レーガン〈共和〉	80 イラン・イラク戦争が始まる（〜1988）
	82 中曽根康弘		85 ゴルバチョフがソ連共産党書記長に就任する、電電公社と専売公社が民営化される、プラザ合意が決まる
	87 竹下登		87 国鉄が分割・民営化される
	89 宇野宗佑	89 ブッシュ（父）〈共和〉	89 平成に改元される、消費税が導入される（3％）、中国で第2次天安門事件が起こる、ベルリンの壁が崩壊する、冷戦が終結する、日経平均株価が最高値（38,915円）を記録する
	89 海部俊樹		
1990			90 日経平均株価が一時2万円を切る（バブル崩壊が始まる）
	91 宮沢喜一		91 ソ連邦が崩壊する
	93 細川護熙〈日新〉	93 クリントン〈民主〉	93 非自民非共産8党派連立政権が成立する（55年体制の崩壊）
	94 羽田孜〈新生〉		94 自民党、社会党、新党さきがけの連立政権（自社さ連立政権）が成立する、衆議院に小選挙区制（小選挙区比例代表並立制）が導入される
	94 村山富市〈社会〉		
	96 橋本龍太郎		95 阪神淡路大震災が起こる、地下鉄サリン事件が起こる
			97 消費税が5％になる、北海道拓殖銀行が破綻する、山一証券が廃業を決定する
	98 小渕恵三		
			99 自民党と公明党の連立政権（自公連立政権）が成立する（自由党、保守党を含む時期あり）
2000	00 森喜朗		
	01 小泉純一郎	01 ブッシュ（子）〈共和〉	01 9.11テロが起こる
	06 安倍晋三		03 イラク戦争が始まる
	07 福田康夫		
	08 麻生太郎	09 オバマ〈民主〉	09 自公連立政権が衆議院選挙で敗北し、民主党が与党になる
	09 鳩山由紀夫〈民主〉		
2010	10 菅直人〈民主〉		11 東日本大震災、福島原発事故が起こる
	11 野田佳彦〈民主〉		12 衆議院選挙で民主党が敗北し、自民党と公明党が連立与党になる
	12 安倍晋三		14 消費税が8％になる

* 日本の首相の出身政党は次の通り（数字は首相に就任した年）：
　日自：日本自由党、自由：自由党、社会：日本社会党、民主：民主党（芦田均の時代のものと鳩山由紀夫らの時代のものは無関係）、民自：民主自由党、日民：日本民主党、日新：日本新党、新生：新生党、無印：自由民主党（自民党）

* アメリカの大統領の出身政党は次の通り（数字は大統領に就任した年）：
　民主：民主党、共和：共和党

語彙索引

	語彙・表現	よみ	記事番号	ページ
あ	開いた口がふさがらない	あいたくちがふさがらない	19	14
	相次ぐ	あいつぐ	51　55　83　86	39　40　62　63
	アイテム	アイテム	120	110
	あうんの呼吸	あうんのこきゅう	22	15
	青写真を描く	あおじゃしんをえがく	53	39
	青田買い	あおたがい	F	76
	あぐらをかく	あぐらをかく	5　72	9　58
	揚げ足を取る	あげあしをとる	35	19
	足並みをそろえる	あしなみをそろえる	36　57	19　40
	頭打ち	あたまうち	7	11
	頭を抱える	あたまをかかえる	6	11
	あっぷあっぷ	あっぷあっぷ	56	40
	後を絶たない	あとをたたない	106	88
	アプリ	アプリ	107	89
	アベノミクス	アベノミクス	90　91	70　71
	あやふやな	あやふやな	122	113
	歩み寄り／歩み寄る	あゆみより／あゆみよる	11　37	12　26
い	意気込み／意気込む	いきごみ／いきごむ	17	14
	行き詰まる	いきづまる	89	66
	異議を唱える	いぎをとなえる	41	33
	いざなぎ景気	いざなぎけいき	F	76
	勇み足	いさみあし	75	59
	委託（する）	いたく	58　86	45　63
	一目置く	いちもくおく	13	13
	一石を投じる	いっせきをとうじる	47　58	38　45
	一点張り	いってんばり	30	17
	一服（する）	いっぷく	34	19
	一本取られる	いっぽんとられる	66	53
	芋づる式	いもづるしき	1	2
	インフラ	インフラ	34　43　57　90	18　36　40　70
	インフレ	インフレ	78　122	60　114
う	右往左往（する）	うおうさおう	40	32
	浮き彫りになる／浮き彫りにする	うきぼりになる／うきぼりにする	36	19
	受け皿	うけざら	101	87
	失われた10年	うしなわれたじゅうねん	94　I	72　76
	後ろ髪を引かれる	うしろがみをひかれる	9	12
	後ろ盾	うしろだて	82	61
	うたう	うたう	22　58	15　45
	打ち切る	うちきる	121	111

	語彙・表現	よみ	記事番号			ページ		
	打って出る	うってでる	121			112		
	鵜呑みにする	うのみにする	40			32		
	有無を言わせず	うむをいわせず	16			14		
	裏付ける	うらづける	122			114		
え	絵に描いた餅	えにかいたもち	39			32		
お	追い打ちをかける	おいうちをかける	119			104		
	追い風	おいかぜ	41	58		33	45	
	お茶を濁す	おちゃをにごす	45			37		
	お手頃	おてごろ	22			15		
	お払い箱になる	おはらいばこになる	54			39		
	重い腰を上げる	おもいこしをあげる	33			18		
	オリンピック景気	オリンピックけいき	D			75		
か	買い漁る	かいあさる	93			72		
	快挙	かいきょ	50			38		
	外需	がいじゅ	99			85		
	海賊版	かいぞくばん	48			38		
	外注（する）	がいちゅう	58			45	46	
	顔色をうかがう	かおいろをうかがう	12			13		
	顔パス	かおパス	106			88		
	顔を立てる	かおをたてる	11			12		
	垣根を超える	かきねをこえる	2			6		
	愕然とする	がくぜんとする	6			11		
	格段に	かくだんに	39			32		
	駆け込み需要	かけこみじゅよう	100			87		
	囲い込み	かこいこみ	37			27		
	果実を得る	かじつをえる	89			66		
	牙城	がじょう	88	89		63	67	
	舵を切る	かじをきる	56	58		40	45	
	ガス抜き（する）	ガスぬき	80			61		
	稼ぎ頭	かせぎがしら	108			89		
	肩すかし	かたすかし	76			59		
	肩たたき	かたたたき	25	26		16		
	肩身が狭い	かたみがせまい	26	119	120	17	104	110
	ガチンコ	ガチンコ	77			60		
	〜合戦	〜がっせん	75	90		59	70	
	ガラケー	ガラケー	111			93		
	空振り（する）	からぶり	70			57		
	歓声を上げる	かんせいをあげる	119			104		
	間髪をいれず	かんはつをいれず	10			12		
き	機運	きうん	83			62		
	聞く耳を持たない	きくみみをもたない	16			13		
	きしみ	きしみ	122			115		
	ぎすぎすする	ぎすぎすする	25	119		16	104	

語彙・表現	よみ	記事番号			ページ	
規制緩和	きせいかんわ	58			46	
喫緊	きっきん	118			100	
キックオフ	キックオフ	65			53	
気前がいい	きまえがいい	22			15	
気脈を通じる	きみゃくをつうじる	118			100	
肝に銘じる	きもにめいじる	31			18	
競合他社	きょうごうたしゃ	37	58		26	45
切り捨てる	きりすてる	25	99		16	85

く

語彙・表現	よみ	記事番号			ページ	
食い込む	くいこむ	89			66	
草の根	くさのね	71			58	
苦戦（する）	くせん	37			26	
首が回らない	くびがまわらない	24			16	
首を突っ込む	くびをつっこむ	23			15	
くまなく	くまなく	89			66	
繰り広げる	くりひろげる	45			37	
軍配を上げる／が上がる	ぐんばいをあげる／があがる	73			58	

け

語彙・表現	よみ	記事番号			ページ	
軽	けい	100			87	
迎合（する）	げいごう	12			13	
経団連	けいだんれん	69	98	99	57	84	85
決定打	けっていだ	71			58	
懸念を抱く	けねんをいだく	23			15	

こ

語彙・表現	よみ	記事番号			ページ	
攻勢をかける	こうせいをかける	89			66	
降板（する）	こうばん	64			53	
声がかかる	こえがかかる	2			6	
国際通貨基金	こくさいつうかききん	42	122		33	113
心地よい	ここちよい	120			110	
心もとない	こころもとない	85			63	
腰の重い	こしのおもい	58			46	
コラボ	コラボ	104			88	
コンペ	コンペ	105			88	

さ

語彙・表現	よみ	記事番号			ページ	
財布のひもが固い	さいふのひもがかたい	51			39	
砂上の楼閣	さじょうのろうかく	50			38	
さとり世代	さとりせだい	97			80	
傘下	さんか	101			87	
三種の神器	さんしゅのじんぎ	B			75	
山積（する）	さんせき	90	119		70	104
三ちゃん農業	さんちゃんのうぎょう	E			75	
3本の矢	さんぼんのや	92			72	

し

語彙・表現	よみ	記事番号			ページ	
仕切る	しきる	106			88	
軸足	じくあし	56			40	
（～を）軸に	じくに	112			94	
施策	しさく	23	78		15	60
視線が痛い	しせんがいたい	119			104	

	語彙・表現	よみ	記事番号			ページ		
	舌を巻く	したをまく	1			2		
	私腹を肥やす	しふくをこやす	30			18		
	借金にあえぐ	しゃっきんにあえぐ	122			114		
	邪道	じゃどう	5			8		
	終焉	しゅうえん	37			26		
	就職氷河期	しゅうしょくひょうがき	K			77		
	収斂（する）	しゅうれん	119			104		
	受験戦争	じゅけんせんそう	G			76		
	受諾（する）	じゅだく	68			57		
	主力〜	しゅりょく〜	84	89	112	62	66	94
	春闘	しゅんとう	98	99		84	85	
	省エネ	しょうエネ	26			16		
	償却（する）	しょうきゃく	89			67		
	証左	しょうさ	119			104		
	正念場	しょうねんば	9	14		12	13	
	しらける	しらける	70			57		
	白羽の矢が立つ	しらはのやがたつ	118			100		
	熾烈な	しれつな	37			26		
	真摯な	しんしな	118			100		
	新風を吹き込む	しんぷうをふきこむ	38			30		
	神武景気	じんむけいき	B			75		
す	水面下	すいめんか	37			27		
	〜筋	〜すじ	114			95		
	雀の涙	すずめのなみだ	46			37		
	スパコン	スパコン	117			96		
	スマホ	スマホ	89	111		66	93	
	すみ分ける	すみわける	33			18		
せ	〜勢	〜ぜい	59			50		
	生保	せいほ	101			87		
	世襲（する）	せしゅう	38			30		
	拙速な	せっそくな	75			59		
	背に腹は代えられない	せにはらはかえられない	5			9		
	ゼネコン	ゼネコン	34			18		
	先陣を切る	せんじんをきる	85			63		
	先入観	せんにゅうかん	40			32		
そ	双肩にかかる	そうけんにかかる	27			17		
	続投（する）	ぞくとう	68			57		
	そっちのけ	そっちのけ	121			111		
	損得勘定	そんとくかんじょう	45			37		
た	待機児童	たいきじどう	119			104		
	大義名分	たいぎめいぶん	80			61		
	太鼓判を押す	たいこばんをおす	38			30		
	大事に至る	だいじにいたる	119			104		

	語彙・表現	よみ	記事番号				ページ		
	妥結（する）	だけつ	47				38		
	たける	たける	38	118			30	100	
	太刀打ちできない	たちうちできない	62				52		
	手綱を緩める	たづなをゆるめる	57				40		
	立て直す	たてなおす	27				17		
	頼みの綱	たのみのつな	85				63		
	団塊ジュニア	だんかいジュニア	G				76		
	団塊の世代	だんかいのせだい	85	A	L		63	75	77
ち	血眼になる	ちまなこになる	121				111		
	躊躇（する）	ちゅうちょ	39				32		
	懲戒解雇	ちょうかいかいこ	102				87		
	直球勝負（する）	ちょっきゅうしょうぶ	72				58		
つ	追随（する）	ついずい	58				45		
	～通	～つう	1				2		
	綱渡り	つなわたり	119				104		
て	出足	であし	67				53		
	提携（する）	ていけい	37	101			26	87	
	定昇	ていしょう	98	99			84	85	
	抵触（する）	ていしょく	74				59		
	出来栄え	できばえ	44				36		
	摘発（する）	てきはつ	57				40		
	手応え	てごたえ	72	120			58	110	
	手頃な	てごろな	2				6		
	手塩にかける	てしおにかける	29				17		
	手のひらを返す	てのひらをかえす	28				17		
	手放し	てばなし	118				100		
	出端（出鼻）をくじく	ではな（でばな）をくじく	18				14		
	デフレ	デフレ	51	85	92	99	39	63	72 85
	デフレーション	デフレーション	94				72		
	手前味噌	てまえみそ	44				36		
	手をこまねく	てをこまねく	37				26		
	手を結ぶ	てをむすぶ	37				26		
	天秤にかける	てんびんにかける	122				115		
と	頭角を現す	とうかくをあらわす	8				11		
	峠を越す／越える	とうげをこす／こえる	49				38		
	登板（する）	とうばん	69	92			57	72	
	独	どく	88	101	115		63	87	95
	特需	とくじゅ	26	59			17	50	
	独歩安	どっぽやす	110				90		
	土俵際	どひょうぎわ	74				59		
	取りざたする	とりざたする	38				30		
	取り仕切る	とりしきる	82				61		
	頓挫（する）	とんざ	50				38		

	語彙・表現	よみ	記事番号			ページ		
な	内需	ないじゅ	99	109		85	89	
	名乗りを上げる	なのりをあげる	63			52		
	鍋底不況	なべぞこふきょう	C			75		
	難局	なんきょく	69			57		
に	錦の御旗	にしきのみはた	83			62		
	2007年問題	にせんななねんもんだい	L			77		
	二の足を踏む	にのあしをふむ	2	121		6	111	
	にらむ	にらむ	34	59	88	19	50	63
ね	ネック	ネック	37			26		
	熱にうかされる	ねつにうかされる	4			8		
	寝耳に水	ねみみにみず	3			8		
の	のどから手が出る	のどからてがでる	21			15		
	乗り切る	のりきる	69	88		57	63	
	乗り出す	のりだす	8	89		11	66	
	のれんに腕押し	のれんにうでおし	52	58		39	45	
	のれんを守る	のれんをまもる	55			40		
は	背水の陣	はいすいのじん	86			63		
	覇気がない	はきがない	97			80		
	拍車をかける	はくしゃをかける	42			33		
	～畑	～ばたけ	113			94		
	畑違い	はたけちがい	1	118		2	100	
	鼻を明かす	はなをあかす	17			14		
	歯に衣着せぬ	はにきぬきせぬ	20			14		
	バブル景気	バブルけいき	H	I		76		
	バブル経済	バブルけいざい	43	93	94	36	72	
			I	K		76	77	
	はやす	はやす	91			71		
	バリアフリー	バリアフリー	119			104		
	パワハラ	パワハラ	102			87		
	反旗を翻す	はんきをひるがえす	87			63		
ひ	肘鉄	ひじてつ	119			104		
	ひた走る	ひたはしる	90			70		
	百戦錬磨	ひゃくせんれんま	60			52		
	冷や飯を食う	ひやめしをくう	43			36		
	氷山の一角	ひょうざんのいっかく	48			38		
ふ	風物詩	ふうぶつし	1			2		
	布陣	ふじん	84			62		
	仏	ふつ	115			95		
	払拭（する）	ふっしょく	97			80		
	腑に落ちない	ふにおちない	32			18		
	ブラック企業	ブラックきぎょう	95	M		72	77	
	フリーター	フリーター	K			77		

	語彙・表現	よみ	記事番号			ページ		
	振り回す	ふりまわす	122			114		
	プロ	プロ	54			39		
へ	ペア	ペア	98	99		84	85	
	米国	べいこく	10	88	115	12	63	95
	ベースアップ	ベースアップ	99			85		
	ベビーブーム	ベビーブーム	A	G		75	76	
ほ	法的措置	ほうてきそち	102			87		
	矛先を向ける	ほこさきをむける	79			60		
	矛を収める	ほこをおさめる	80			61		
	発足する	ほっそくする	59	68		50	57	
	本腰を入れる	ほんごしをいれる	34			18		
	本丸	ほんまる	61			52		
ま	マイコン	マイコン	108			89		
	幕引き	まくひき	74			59		
	幕を下ろす	まくをおろす	55			40		
み	右肩上がり	みぎかたあがり	4			8		
	見極める	みきわめる	40			33		
	道筋をつける	みちすじをつける	113			94		
	道半ば	みちなかば	92			72		
	三つ巴	みつどもえ	37			27		
	耳が痛い	みみがいたい	15			13		
	耳を疑う	みみをうたがう	93			72		
む	迎え撃つ	むかえうつ	59			50		
め	銘打つ	めいうつ	92			72		
	目先の	めさきの	45	122		37	114	
	目玉	めだま	22			15		
	目の上のこぶ	めのうえのこぶ	14			13		
や	矢面に立つ	やおもてにたつ	81			61		
	矢先	やさき	9			12		
ゆ	揺さぶりをかける	ゆさぶりをかける	80			61		
	ゆとり教育	ゆとりきょういく	J	97		76	80	
	ゆとり世代	ゆとりせだい	96	J	97	73	76	80
	ゆるキャラ	ゆるキャラ	103			88		
り	リードタイム	リードタイム	89			67		
	リストラ	リストラ	46	51	118	37	39	100
	両刃の剣	りょうば（もろは）のつるぎ	78			60		
	量販店	りょうはんてん	60			52		
れ	連騰	れんとう	109			89		
ろ	労組	ろうそ	98			84		

編者
一橋大学国際教育交流センター

著者
澁川晶　　　国際基督教大学 レクチャラー
高橋紗弥子　元一橋大学社会学研究科 専任講師
庵功雄　　　一橋大学国際教育交流センター 教授

イラスト
内山洋見

装丁・本文デザイン
畑中猛

留学生のためのジャーナリズムの日本語
－新聞・雑誌で学ぶ重要語彙と表現－

2015年5月25日　初版第1刷発行
2024年2月9日　第3刷発行

編　者　一橋大学国際教育交流センター
著　者　澁川晶　高橋紗弥子　庵功雄
発行者　藤嵜政子
発　行　株式会社スリーエーネットワーク
　　　　〒102-0083　東京都千代田区麹町3丁目4番
　　　　　　　　　　トラスティ麹町ビル2F
　　　　電話　営業　03（5275）2722
　　　　　　　編集　03（5275）2725
　　　　https://www.3anet.co.jp/
印　刷　萩原印刷株式会社

ISBN978-4-88319-715-6　C0081
落丁・乱丁本はお取替えいたします。
本書の全部または一部を無断で複写複製（コピー）することは著作権法上での例外を除き、禁じられています。

スリーエーネットワークの中上級日本語教材

留学生のための
アカデミック・ジャパニーズ
東京外国語大学留学生日本語教育センター ● 編著

聴解中級 B5判　85頁＋別冊32頁（スクリプト・解答）CD 1枚付
2,200円（税込）（ISBN978-4-88319-641-8）

聴解中上級 B5判　87頁＋別冊35頁（スクリプト・解答）CD 1枚付
2,200円（税込）（ISBN978-4-88319-687-6）

聴解上級 B5判　85頁＋別冊59頁（スクリプト・解答）CD 2枚付
2,200円（税込）（ISBN978-4-88319-716-3）

動画で学ぶ大学の講義
B5判　113頁＋別冊68頁（スクリプト・解答例）
2,200円（税込）（ISBN978-4-88319-789-7）

アカデミック・ライティングのための
パラフレーズ演習
鎌田美千子・仁科浩美 ● 著

B5判　74頁＋別冊解答15頁（解答例）　1,540円（税込）（ISBN978-4-88319-681-4）

留学生のための
ジャーナリズムの日本語
－新聞・雑誌で学ぶ重要語彙と表現－
一橋大学国際教育交流センター ● 編　澁川晶・高橋紗弥子・庵功雄 ● 著

B5判　130頁＋別冊7頁（解答）　2,200円（税込）（ISBN978-4-88319-715-6）

アカデミック・スキルを身につける
聴解・発表ワークブック
犬飼康弘 ● 著

B5判　141頁＋別冊（表現・スクリプト）54頁
CD 1枚付　2,750円（税込）（ISBN978-4-88319-426-1）

スリーエーネットワーク

ウェブサイトで新刊や日本語セミナーをご案内しております。
https://www.3anet.co.jp/

留学生のための
ジャーナリズムの
日本語

―新聞・雑誌で学ぶ重要語彙と表現―

スリーエーネットワーク

解答

*「考えてみよう」で取り上げたアンダーラインの語彙・表現の意味については、http://www.3anet.co.jp/ja/5380/ で確認することができます。

第1課
考えてみよう

頭が回らない：考えられない、うまく理解できない

手が回らない：忙しくて対応する余裕がない

読解問題1

1．iPhoneを扱うソフトバンクやKDDIといった競合他社に顧客を奪われ、ドコモだけが収益力の低迷が続いていた状況。

2．手を結ぶ

3．これまでとは異なる状況を傍観することなく、何らかの対応を考えてくるだろうということ。

4．熾烈な価格競争

5．表面的にはわからない、見えないところで駆け引きをすること。

第2課
読解問題2

1．動物実験を廃止すると、スキンケア化粧品の売上高の半分を占める「医薬部外品」の開発が滞ることになり、企業として大きなリスクを負った決断であったため。

2．新たに化粧品と医薬部外品を開発する際に、動物実験を実施せずに済む体制を確立し、動物実験を行わない方針に転換した。

3．動物実験廃止を目指す運動が盛んになる中、日本の化粧品メーカーにはその声がなかなか聞き入れられなかった状況。

4．EUで化粧品開発における動物実験の全面禁止が実現したことが、日本の化粧品メーカーを動物実験廃止に向かわせる後押しになっているということ。

5．動物実験の廃止に対して慎重になり、なかなか行動に移さない企業のこと。

6．欧州では9割の消費者が動物実験に反対し、実験を経ていない商品を好んで購入している現状があり、日本の化粧品メーカーも今後欧州市場で生き残るためには、動物実験を経ない商品開発が必要不可欠になってくるから。

7．勇断

8．波紋

第3課
読解問題3

1．「アップルは強く、スマホ市場で負けることはない」という考え

2．これまで通り受注先をアップルに依存するのか、新たな取引先を開拓するのか決断を迫られている状況。

3．受注が減少すること。

4．アップルのみを受注先とすること。

5．スマホの販売競争が主に行われる場所

6．発注側であるアップルが受注側のコストの情報を把握してコストダウンを要求しながら発注量を確約せず、受注側が設備投資や過剰在庫を抱えるリスクを一手に引き受けなければならないという状態にあること。

7．日本ではiPhoneの人気が高く、しばらくはその市場は安定しているだろう、という意味。「牙城」とは、日本のスマホ市場における高いアップルのシェア。

第4課
やってみよう

① b．団塊の世代　② f．ベビーブーム　③ i．三種の神器
④ a．鍋底不況　⑤ h．オリンピック景気　⑥ k．三ちゃん農業
⑦ p．青田買い　⑧ j．団塊ジュニア　⑨ o．受験戦争
⑩ d．バブル景気　⑪ e．失われた10年　⑫ n．ゆとり世代
⑬ g．就職氷河期　⑭ m．フリーター　⑮ c．2007年問題
⑯ l．ブラック企業

読解問題4

1．ゆとり世代

2．現状への満足度が高い。
　　社会に反抗することはない。
　　消費意欲や恋愛願望などの"欲望"に乏しい。
　　「さとり」に達したように覇気がなく見える場合もある。

3．・現役受験生（高3）が、1年後輩（高2）に対して
　　・高2は、脱ゆとり教育を受けて学習内容が自分たちより増えて学力も高いので、浪人して「競争相手」となったら勝ち目がないのではないかという「怯え」

第5課
考えてみよう

仏	フランス	露	ロシア	朝	北朝鮮
独	ドイツ	伊	イタリア	韓	韓国
米	アメリカ	蘭	オランダ	越	ベトナム
加	カナダ	中	中国	馬	マレーシア
英	イギリス	台	台湾	比	フィリピン

ベア	ベースアップ（base up）	デフレ	デフレーション（deflation）
インフラ	インフラストラクチャー（infrastructure）	ナビ	ナビゲーション（navigation）
インフレ	インフレーション（inflation）	プロ	プロフェッショナル（professional）
エコ	エコロジー（ecology）	ラボ	ラボラトリー（laboratory）
省エネ	省エネルギー（energy conservation）	リストラ	リストラクチュアリング（restructuring）
コスメ	コスメチック（cosmetic）	一眼レフ	一眼レフレックスカメラ（Single-lens reflex camera）
ゼネコン	総合建設業者（general contractor）	ロゴ	ロゴタイプ（logotype）
デパ地下	デパートの地下売り場（食料品売り場）	ワーホリ	ワーキングホリデー（working holiday）

読解問題5

1．柳井氏と樋口氏の親交が深まり、意思の疎通ができること。

2．非の打ちどころのない社長として非常に高く評価すること。

3．車はダイエーで、両輪とは、ダイエーの再建を先導する会長と社長のこと。

4．専門。職種のこと。（樋口氏の前職は日本ヒューレット・パッカード（HP）社長で、その前は旧コンパックコンピュータにいたとのことから、それまではコンピュータ関係の仕事をしていたことがわかる。）

5．産業再生機構

今後の学習に向けて

❶歓声を上げる　　　：楽しそうな叫び声を出す
❷綱渡りのように　　：（いつ仕事を辞めなければならないかという）危機感を持ちながら
　　　　　　　　　　　／どうにかこうにか
❸周囲の視線が痛い：周囲の人から無言のうちに非難されていると感じる
❹肩身が狭い　　　　：周囲に迷惑をかけているのではないかと感じている
❺肘鉄をもらう　　　：肘で打たれる

❻ 追い打ちをかける：困っている人に、さらに負担を増やす

1．目の前の優先席が空いたとき、座ろうと必死で横から入ってきたご高齢の女性から、腹部に肘鉄をもらい、出血したこともある。

2．(高齢者や障がい者などは外見上、弱者であることがわかりやすく、また、弱者であることが社会的に認定されているのに対し、) 子育て中の親は、本来は助けが必要であるにもかかわらず、(外見上、弱者であることがわかりにくく、また、) 社会的に「恵まれた多数派」と見なされているために、弱者とは認定されない、ということ。
　＊（　）の部分は答えていなくても正解とする

3．ア：上　イ：下

4．「ベビーカー論争」の背後には、社会構造の変化と人々の意識がずれていることや、さまざまな都市問題があり、個人の意識で解決できる問題ではないということ。

総合練習
問題1

1．ところが

2．ホテルのバーはアルコールを飲むところで、ソフトドリンクを飲むところではないと感じていたから。

3．ノンアルコールカクテルを出したら売れると感じたということ。

4．ソフトドリンクは疲れをとったりのどの渇きをいやすためのものである一方、カクテルは相手との会話を楽しむときに添えられるものであり、目的が違うということ。

5．ノンアルコール

問題2

1．日本航空機製造に入社することをためらっていた。

2．集中力を高めて必死の状態

3．YS-11の製作に関係する仕事をすること。

4．自分で事業を起こす（起業する）ということ。

5．わから（ない）

6．電動補助付き折りたたみ自転車

7．A．iv　　　B．ii　　　C．iii　　　D．i

問題3

1．当時のニクソン米大統領が、金とドルの交換を停止したこと。

2．1万円札は紙（印刷物）としては17円分の価値しかないので、1万円から17円を引いた9983円分は実体のない虚構である。一方、1万円札が1万円として通用するのは、人々が政府や中央銀行を信用しているからである、ということ。

3．「服」は「金本位制」のことで、「子供」は「世界市場」を指す。世界市場は既に巨大で、金本位制をとって政府や中央銀行がコントロールできる規模ではなくなった、ということ。

4．マネーの暴走をコントロールしようとする試みと予想される副作用を天秤にかける。（予想される副作用の例）世界中が大変な不況に陥り、失業に苦しむ人々が激増すること。

5．政府や中央銀行の政策が人々から信用されれば金の値段は安定するし、それが信用されなくなれば金の値段はさらに上昇する、ということ。